HUA RUNLING
FANGTANLU

东吴名家·名医系列

华润龄访谈录

潘文龙 著

东吴名家·名医系列

主　编　田晓明

副主编　马中红　陈　霖

丛书编委会（按姓氏笔画排序）

主　任　侯建全

副主任　田晓明　陈　赟　陈卫昌

委　员　丁春忠　马中红　王海英　方　琪　刘济生

　　　　时玉舫　张婷婷　陆道平　陈　亮　陈　罡

　　　　陈　霖　陈兴昌　范　嵘　周　刚　贲能富

　　　　徐维英　黄玉华　黄恺文　盛惠良　缪丽燕

学术支持

苏州大学东吴智库

苏州科技大学城市发展智库

苏州大学新媒介与青年文化研究中心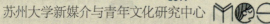

总序

留点念想

田晓明

在以"科学主义"为主要特征且势不可挡的"现代性"推进下，人类灵魂的宁静家园渐渐被时尚、功利和浮躁无情地取代了，其固有的韧性和厚度正日益剥落而变得娇弱浅薄，人们的归属感与幸福感也正逐步消失。在当今中国以"改善社会风气、提高公民素质、实现民族复兴"为主旋律的伟大征程中，"文化研究""文化建设""提升软实力"等极其自然地成为全社会关注的热门话题。作为一名学者，自然不应囿于自己的书斋、沉湎于个人的学术兴趣，而应该为这一伟大的时代做点什么；作为一名现代大学管理者，则更应当拥有这样的使命意识与历史担当。

一

任何"以问题为导向"的研究总是不乏高度的历史价值、使命意识和时代意义，文化研究也不例外。应该说，我对文化问题的关注和兴趣缘起于自身经历的感悟和对本职工作的思考。近年来，我曾在日本、法国、德国、美国等发达国家进行学术交流或工作访问。尽管这些国家彼此之间存在着很大的文化差异，但其优良的国民总体素质给我留下了深刻的印象。2013年5月，我应邀赴台湾地区参加了"2013高等教育国际高阶论坛"，这也是我首次台湾之行。尽管此行只有短短一周，但祖国宝岛给我留下了深刻印象：在日常交往中，我不仅深切感受到中华民族的优秀传统在台湾地区被近乎完整地"保留"下来，而且从错落有致甚至有些凌乱的古老街景中"看到"了隐含于其背后的一种持守和一份尊重……于是，我又想起了大陆在中华人民共和国成立之后，人们在剔除封建糟粕的同时，几乎"冷落"甚至放弃了很多优秀的文化传统；在全面汲取苏联"洋经"的同时，也一定程度上失去了我们的文化自主性。"文革"期间，许多优秀传统文化遭受的破坏自不必多言。改革开放以来，随着国门的"打开"，中华大地在演绎经济发展奇迹的同时，中华民族的一些优秀传统却没有得到同步保留或弘扬，极个别的优秀传统甚至还出现了一些沦丧的现象。这便是海外之行和台湾地区之行给我留下的文化反思与心灵震撼！

带着这份反思和震撼，平日里喜欢琢磨的我便开始关注起"文化"及"文化研究"等问题了。从概念看，"文化"似乎是一个人人自明却又难以精准定义的名词。在纷繁的相关阐述中，不乏高屋建瓴的宏观描述，也有细致入微的小处说法。可谓仁者见仁，智者见智。文化概念的复杂性也赋予了文化研究所具有的内容丰富性、方法多样性和评价复杂性等特征。黑格尔曾做过这样的比喻：文化好似洋葱头，皮就是肉，肉就是皮，如果将皮一层层剥掉，也就没有了肉。作为"人的生活样式"（梁漱溟语），文化总是有很多显形的"体"，每一种"体"的形式下都负载着隐形的"魂"。我们观察和理解文化，不仅要见其有形之体，更要识其无形之魂。体载魂、魂附体，"魂体统一"便构成了生机勃勃的文化体系。古往今来，世界上各地区、各民族乃至各行各业都形成了自己的文化体系，每一文化体系都是它自己的"魂体统一"。遗憾的是，尽管人们在思想观念上越来越意识到文化的重要性，但在日常生活和社会实践中，"文化"概念被泛化或滥用了，正如人们常说的那样：文化是个筐，什么都能装。

从文化研究现状来看，我认为存在两个方面的问题：一是文化研究面临着"科学主义""工具理性"的挑战和挤压；二是文化研究多是空洞乏力的理论分析、概念思辨，而缺少务实、可行的实践探索。一方面，在"科学主义"泛滥、"工具理性"盛行的当今时代，被称为"硬科学"的科学技术已独占人类文化之鳌头，越来越受到人们的顶礼膜拜。相比之下，人文社会科学在人类文化中应有的地位正逐步或已经被边缘化了，其固有的功能正日益被消解或弱化。曾经拥有崇高地位的人文社会科学已风光不再，在喧嚣和浮躁之中，不可避免地陷入了"软"科学的无奈与尴尬。即便是充满理性色彩、拥有批判精神的大学已经意识到并开始重视人文社会科学的教育功能与文化功能，但在严酷的现实语境中，也不得不"违心"地按照所谓客观的、理性的科学技术范式来实施人文社会科学教育管理和研究评价。另一方面，由于文化研究成果多以"概念思辨""理论分析"等形式表达，缺少与现实的联系和对实践的指导，难免给人以"声嘶力竭"或"无病呻吟"之感受。从一定意义上讲，这种苍白、乏力的研究现状加剧了人们视文化为"软"科学的看法。这无疑造成了文化研究和文化建设的困境与尴尬。

从未"离开"过校门的我，此时自然更加关注身陷这一"困境"和"尴尬"旋涡中的大学。大学，不仅是传授知识、探索新知的重要场所，也是人类文化传承与发展的主要阵地。她不仅运用包括人文艺术、社会科学、自然科学等在内的人类文化知识进行有目的、有计划、有步骤的高级人才培养，而且还直接担当着发展、创造与创新人类文化的历史责任。学界一般认为，大学具有人才培养、科学研究和社会服务三大功能。应该说，这样的概括基本涵盖了大学教育的主要任务。但从学理上看似乎还有值得商榷的地方。一方面，从逻辑上看，这三项功能似乎不是同一层次的、并列的要素。因为无论是培养高素质人才，还是产出高质量科研成果，都是大学服务社会的主要方式或手段。如果将社会服务作为单一的大学功能，那么是否隐含着人才培养和科学研究就没有服务社会的导向呢？另一方面，从内涵上看，这三项功能的概括本身就具有"工具化""表面化"的特征，并没有概括大学功能的深层的、本质的内涵。那么，有人会问，大学的本质到底是什么呢？我认为，在归根结底的意义上，大学的本质就在于"文化"——在于文化的传承、文化的启蒙、文化的自觉、文化的自信、文化的创新。因为脱离了文化传承、文化启蒙、文化创新等大学的本质性功能，人才培养、科学研究和社会服务都会成为无源之水、无本之木，而大学的运行就容易被视作简单传递知识和技能的工具化活动。从这一意义上说，大学文化建设在民族文化乃至人类文化传承、创新中拥有不可替代的重要地位甚至主要地位。换言之，传承、创新人类文化应该是大学的历史使命与责任担当。

如果说，大学的本质在于文化传承、文化启蒙、文化自觉、文化自信和文化创新，那么，大学管理者的主要职责之一便是对文化的"抢救""保护""挖掘"。这是现代大学校长应具有的文化忧患意识和责任感。言及大学文化，现实中的人们总是习惯地联想起"校园文化"，显然这是对大学本质的误解甚至曲解。一直以来，我坚持主张加强"文化校园"建设。"校园文化"与"文化校园"，不是简单的文字变换游戏，个中其实蕴含着本质的差异。面对"文化"这一容易接受却又难以理解的概念，人们总是无法清晰明快地表达"文化是什么"，有人曾经做过比较详细的统计，有关文化的定义多达两百多种。既然人们很难定义"文化"的概念，或者说很难回答"文化是什么"，我们不妨转换一下视角，抑或可以相对轻松地回答"什么是文化""什么是没有文化""什么是文化缺失"等问题。我所理解的大学文化,在于她的课上和课下,在于她的历史与现实,在于她的一楼一宇、一草一木、一砖一瓦、一人一事……她可能是大学制度文化的表达,可能是大学精神文化的彰显,也可能是大学物质文化的呈现。具体而言,校徽、校旗、校训等标识的设计与使用是文化校园建设的体现,而创建大学博物馆、书画院、名人雕塑等,则无疑是大学文化名片的塑造。我曾发起和主持大学博物馆(即苏州大学博物馆)的筹建工作,这一"痛并快乐"的工作,让我感慨万千。面对这一靓丽的大学文化名片,我似乎应该感到一种欣慰、自豪和骄傲。然而,在经历这一"痛并快乐"的过程之后,我却拥有了另一番感受:在大学博物馆所展示的一份份或一块块残缺不全的"历史碎片"面前,真正拥有高度文化自觉或自信的大学管理者,其内心深处所拥有的其实并不是浅薄的欣慰和自豪,而是一种深深的遗憾、苦苦的焦虑和淡淡的无奈!我无意责怪或埋怨我们的前人,我们似乎也没有太多的时间和精力去责怪、埋怨,因为还有很多很多事情需要我们去落实、来实现,从而给后人多留下一点点念想,少留下同样的遗憾。

  这不是故作矫情,也不是无病呻吟,只有亲身经历者,方能拥有如此宝贵的紧迫感。这种深怀忧虑的紧迫感,实在是源于一种更深的文化理解!确实,文化的功能不仅在于"守望",更在于"引领",这种引领既是对传统精华的执着坚守、对现实不足的无情批判,也是对美好未来的理想而又不失理性的憧憬。换言之,文化的引领功能不仅意味着对精神家园的守望,也意味着对现实存在的超越。尽管本人并没有宏阔博大的思想境界、济世经国的理想抱负、腾天潜渊的百炼雄才,但在内心深处我始终拥有一种朴实而执着的想法:人生在世,"必须做点什么""必须做成点什么";如是,方能"仰俯无愧天地,环顾不负亲友"。然而,正所谓"前途是光明的,道路是曲折的",对于任何富有价值和意义的事情而言,"想法"变成"现实"的过程从来都不可能一帆风顺。在当下社会,"文化校园建设"则更是"自找苦吃"!

二

  人生有趣的是,这一路走来,总有一些"臭味相投"的"自找苦吃"者与你同行!

  2013年,我兼任艺术学院院长。在一次闲聊中,我不经意间流露出这一久埋心底的想法,随即获得了马中红、陈霖两位教授及其团队成员的积极响应。也许是闲聊场景的诱发,如此宏远计划的启动便从艺术学院"起步"了!其实,选定艺术学院作为起始，我内心深处还有两点考量：一是"万事开头难"。既然事情缘起于我的主张和倡议，"从我做起"似乎也就成了一种自然选择。事实上，我愿意也必须做一次"难人"。二是我强烈地感到时不我待，希望各个学院能够积极、主动地加入"抢救""保护""挖掘"文化的行列。尽管从本质上讲这是一种历史责任，但在纷繁的现实面前，这项工作似乎更接近于一种"义务"或"兴趣"，因此，作为分管文科院系的副校长，我不能对院长们有更多的硬性要求。于是，我想，作为艺术学院院长，我可以选择"从我做起"，其示范和引领作用可能比苍白的语言或"行政命令"更为有力、更富成效。

当然，选择艺术学院作为《东吴名家》开端的根本想法，还是来自我们团队对"艺术"发自内心的热爱！因为，在我们古老的汉字中，"藝"字包含了亲近土地、培育植物、腾云而出的意思。这也昭示了艺术的本性：艺术来源于生活，但必须超越生活。或许也正因为艺术这样的本性，人们对艺术的反应可能有两种偏离的情形：艺术距我们如此之近，以致习焉不察；艺术离我们如此之远，以致望尘莫及。此时，听一听艺术家们的故事，或许会对艺术本身能够拥有更多、更深的理解。

英国艺术史家贡布里希在其《艺术的故事》开篇中有云："实际上没有艺术这种东西，只有艺术家而已。"在各种艺术作品的背后，站立着她们的创造者，面对或欣赏这些艺术作品，实际上就是倾听创造她的艺术家，并与艺术家展开对话。这样的倾听与对话超越时空，激发想象，造就了艺术的不朽与神奇。也正是这种不朽与神奇，催生了《东吴名家》的艺术家系列。

最先"接近"的五位艺术家大家都不陌生：梁君午先生，早年在西班牙皇家马德里艺术学院学习深造，深得西方绘画艺术的精髓，融汇古老中国的艺术真谛，是享誉世界的油画大师；张朋川先生，怀抱画家的梦想，走出跨界之路，在美术考古工作和中国艺术史研究中开辟了新的天地，填补了多项空白；华人德先生，道法自然，守望传统，无论是书法艺术，还是书学研究，都臻于至境；杨明义先生，浸淫于江南传统，将透视和景别融进水墨尺幅，开创出水墨江南的新绘画空间；杭鸣时先生，被誉为"当今粉画巨子"，以不懈的努力提升了粉画的艺术价值。五位大师的成就举世瞩目，他们的艺术都有着将中国带入世界、将世界融入中国的恢宏气度和博大格局。

五位艺术家因缘际会先后来到已逾百年的东吴学府，各自不同的艺术道路在苏州大学有了交集和交融，这是我们莫大的荣幸。他们带来的是各自艺术创作的历练与理念,艺术人生的传奇与感悟,艺术教育的热情与经验,所有这些无疑是我们应该无比珍惜的宝藏,在这个意义上,"东吴名家·艺术家系列"的编写与制作也可谓一次艺术"收藏"行动。

三

"收藏"行动在继续进行!随着"东吴名家·艺术家系列"的编写与制作告一段落,我便将目光转向了"名医"!这一探寻目光的阶段性聚焦或定格,缘起于本人儿时的梦想和生活经历。我自小在外公与外婆身边生活,身为医生的舅舅和舅妈对我影响巨大。舅舅的敏感和精明、勤奋与敬业,舅妈的才情和灵巧、细腻与矜持,尤其是他们与病人之间交往、交流的互动场景以及医院的氛围,给我幼小的心灵烙上了深深印记。应该说,舅舅和舅妈身上所折射出来的医生职业操守和人格魅力,不仅是我人生启蒙的绝好养分——"随风潜入夜,润物细无声"地滋养、熏陶着我的成长,而且也渐渐成为我的生活习惯和样态,进而萌生出人生的愿望与梦想——我想成为一名让人尊敬的白衣天使或人民教师!

儿时的梦想,总是比较简洁和朴素,有时还十分直观和现实。在我的思维积淀中,总有一种抹不去的儿时记忆和认知:医生和教师是人世间最崇高、最善良、最阳光的职业!因为几乎没有哪位医生不想救死扶伤的,也几乎没有哪位教师不想教人成人的。世上可以没有其他职业,但绝不可无医生和教师。这两种职业甚至超越了国界、人种、民族和意识形态等差异,因为任何人都会遭遇到生老病死的拷问,任何人都有接受学校教育的过程,绝大多数人也会面临子女教育问题,等等。因此,渴望成为一名医生或教师,便成为我儿时的梦想!

清楚地记得,我在高考志愿书上清一色填写了"临床医学"专业,但因为班主任私底下递交的一份"定向表",让我儿时的"医生梦"彻底破灭了。因为这种"阴差阳错",而今中国大学里多了一名不太优秀的心理学教授,而医院却可能少了一名出色的外科医生。身为大学教授的我,虽然内心偶尔也会流露出"得陇望蜀"的遗憾,但我知道,这是真正的"白日梦想"。"医生",对我而言,只能成为一种永久的儿时记忆了!也许正是为了弥补这份心理缺憾,我将探寻的目光聚焦或定格于"名医",便乃是情理中事了。

如果说,"东吴名家·艺术家系列"的编写与制作缘起于本人的文化理解和兼任艺术学院院长的"便利"以及与马中红、陈霖两位教授的"臭味相投",那么,"东吴名家·名医系列"编写与制作能够成为现实,则是因为我和我的团队又幸运地遇上了一位"同道",他就是侯建全先生!在一次偶然闲聊时,建全兄得知了我内心深处的愿望和设想,他不仅给予高度褒扬,而且主动要求加入并表示全力支持。这真是应验了两句老话:有心栽花花不开,无心插柳柳成荫;踏破铁鞋无觅处,得来全不费工夫。在日常交往中,建全兄给我留下的印象是干练、圆融、义气,而他对医院文化建设的深邃理解与执着精神,以及他能跳出自己的"本位",全方位思考吴地医学文化传承与保护的视野和气度,又使我对他平添一份深深的敬意和尊重。尤其是此间我的工作岗位发生了变动,他依然一如既往地关心、支持此项工作的开展和推进,更是彰显出"同道"的意蕴与价值、友谊的诚挚和珍贵。

拥有了建全兄这样的"同道","收藏"行动进展得异常顺利。我们的笔墨和镜头此次定格与聚焦的几位名医也是大家耳熟能详的:华润龄先生从医半个多世纪,学养深厚,内外兼修;他上承吴门医派著名老中医奚凤霖和陈松龄两位先生医脉,秉循吴地优秀传统文化的传袭,理法方药,思路清晰,用药轻简,救人无数,在中医业界和患者当中树立了良好的口碑,是当代吴门医派的杰出传承人和代表医家之一。阮长耿院士,被尊为中国的"血小板之父",成功研制了以SZ(苏州)命名的系列单抗,应用于出血与血栓性疾病的基础与临床研究,始终坚持不懈地以学术引领中法交流,以科研点亮生命之光。杜子威先生,著名医学教育家、中国现代神经外科学奠基人之一,制定了首个中国人脑脊髓液蛋白电泳的标准值,培养出中国第一株人脑恶性胶质瘤体外细胞系SHG-44,建立了人脑胶质瘤基因文库,在中国脑外科研究和临床方面取得卓越成就。董天华先生,苏州骨科医学的开创者和奠基人,江苏省医学终身成就奖获得者,学医、行医、传医七十余载,德术并举、泽被后学,仁者情怀、大家风范。蒋文平先生在六十多年的行医生涯中,在我国心脏电生理领域里倾注汗水和心血,贡献智慧和才能,是一位不畏艰难险阻和不知疲倦的探索者、创新者、开拓者。唐天驷先生是我国著名的骨外科专家,两次获得国家科学技术进步二等奖;他主持的"脊柱后路经椎弓根内固定"研究,被誉为我国脊柱外科的一大"里程碑",铸就了脊柱内固定的"金标准";虽到望九之年,他仍然工作在第一线,用高超的医术,帮助无数病人"站稳了身板""挺直了腰杆"。陈易人先生,是苏州乃至江苏全省的知名外科专家,曾经是省内医学界外科医学的领头羊之一;半个多世纪以来,他无私奉献,不计名利,坚持奋战在手术台旁,为千万个患者解除病痛;他还通过努力,和同事们一起把苏州大学附属第一医院的外科诊疗提升到省内一流水平。李英杰先生,国家级非物质文化遗产项目指定传承人，潜心于六神丸技艺，一颗匠心守护绝密国药，将手工微丸技术代代相承，被誉为当代"中医药八大家"之一。

…………

"收藏"行动将继续进行。随着"同行者"的不断加盟，"东吴名家"（百人系列）将在不远的将来"梦想成真"！为了这一美好梦想，为了我们的历史担当，也为了给后人多留点念想、少留点遗憾，让我们携起手来……

序

自古姑苏繁华地,不仅仅体现在经济与文化的长足发展,而且在中医领域也形成了著名的吴门医派。吴门医派作为传统中医体系,形成了一大批著名医家,且世代相传,比如绵延约八百年的郑氏妇科。吴门医派中名医多御医,由于医术高明,声名远播,仅明代姑苏籍御医就有七十多位。吴门医派为苏州人的繁衍生息和健康生存做出了卓越的贡献,也为传统中医文化的传承和发展贡献了苏州智慧。"东吴名家·名医系列"选择了华润龄先生和李英杰先生作为当代苏州吴门医派与中医制药工艺的代表人物,可谓实至名归。

历史上的东吴医派在当代通过名医传播、名药制作、名馆开设以及中医文化的现代化建设而得到发扬光大。与东吴医派并驾齐驱的是苏州日益崛起的现代医学和医疗。苏州大学附属第一医院,是国内具有影响力的知名三甲医院,多年来,在中国最佳医院排行榜中名列前50强,在中国地级城市医院100强排行榜中雄踞榜首。百年老字号医院,已然浓缩为医学领域的一笔宝贵财富,其重要原因之一,是它拥有一支实力雄厚的名医队伍。一所医院在民众中的口碑和信誉,很大程度上是凭借这些名医来创造的。在长期对医院的管理中,我始终不渝地坚持这一条,培养名医、建设名医队伍不动摇,这是医院建设和发展的硬道理。

名医不是天上掉下来的,名医荟萃的局面也不是朝夕之间就能形成的,其中,医生队伍建设至关重要。作为一所三甲医院,医生队伍是呈宝塔型结构的。名医是宝塔尖上的独领风骚者,他们也是从医生、从良医中脱颖而出的。对于医生队伍建设来说,我们的兴奋点和关注点,一是人才,二还是人才,三依然是人才。具体来说,一手抓名医队伍的建设,他们是医院的标杆、品牌,让他们带领团队,培养学生,充分发挥引领作用,提高医生队伍的整体水平。另一手抓青年医生的培养，这也离不开名医，以名医为师，从中发现人才。一旦发现可塑之才，就严格要求，压担子，创造各种条件，使他们成为名医。尊重名医、爱护名医、宣传名医，始终是医院工作的重中之重。作为医院的文化建设，整理和发扬名医的品德与精神，在当前显得非常迫切，这也是具体落实党中央的"把跨越时空、超越国界、富有永恒魅力、具有当代价值的文化精神弘扬起来"的指示。阮长耿、董天华、唐天驷、蒋文平、杜子威、陈易人六位名医的访谈正是在这样的背景下诞生的，是苏大附一院医院文化建设的又一重大成果。

一代代名医是医院文化的积淀，是苏州古今中外医学思想和精神的承继与传扬！"东吴名家·名医系列"所选八位名医虽然分属不同专业学科，但是他们有这样一些共性：

第一，医者仁心，他们都有崇高的医德。百年传承，使苏州有了"吴门医派"的金字招牌，也使苏大附一院积淀了"博习创新，厚德厚生"的文化底蕴。"厚德厚生"使医院百年来形成了"为患者、爱患者"的绿色医疗生态环境。这些名医用毕生的实践，诠释和丰富了"厚德厚生"的内涵。以德为上，为民服务，才不愧为真正的名医。董天华教授一直信奉"医德医术是一个医生的生命"，创造性地研究出将"美多巴"应用于治疗早期非创伤性股骨头坏死的新思路。几十年来，董教授淡泊名利、廉洁行医，收到病人的锦旗和表扬信不计其数，从未收受过病人的红包。他经常教诲年轻医生，要做好一名医生，首先要做一个品行端正的人，对待患者要有一颗仁慈的心，在诊治病人的时候，要时刻设身处地为病人的病情着想。慕名而来的患者除了仰慕他妙手回春的精湛医术，感恩他朴实善良的医者仁心外，更敬重他高尚的医德。华润龄先生秉持中医传统正道，妙手仁心，待患以诚，致力于中医领域的开掘，其学养、医术和医德得到业内同行和众多患者的嘉许，是一位有口皆碑的吴门儒医。

第二，大医精诚，他们以精湛的医术名扬天下，受到无数患者的爱戴。桃李不言，下自成蹊。名医活在广大民众的口碑中。他们敬业，痴迷于自己的理想，在长期行医过程中，不断总结，不断前进，最终登上自己事业的顶峰。陈易人教授，是我们外科的著名专家，一生兢兢业业，克己奉公，不计个人名利，用手术刀为千万个患者解除病痛，也把苏大附一院的外科诊疗提升到了省内一流水平。蒋文平教授，植入了中国第一例与第二例自动心脏起搏复律除颤器，从直流电消融到射频消融治疗心动过速，蒋主任参与了中国在该领域的起步性研究，接二连三地开创"中国首例"，在治疗心律失常方面立下了赫赫战功。脊柱外科医生是高技术、高风险的职业，稍有失误，病人就可能终身残疾。唐天驷教授作为一名医生，最大的快乐就是为病人解除痛苦，精湛的技艺是他毕生的追求，他一直坚持重视每一个手术细节，创下了数千例脊柱手术无瘫痪、无严重并发症的纪录。20世纪80年代，他主持的"脊柱后路经椎弓根内固定的基础和临床研究"被誉为我国脊柱外科的一大里程碑，铸就了脊柱内固定的"金标准"。

第三，敢于创新，与时俱进。这些名医不墨守成规，故步自封。他们是各自领域的弄潮儿、追梦人和风云人物。医学事业日新月异，每天有无数创新的成果面世。阮长耿院士建立了我国第一个血栓与止血研究室。他成功研制了以SZ（苏州）命名的第一组抗人血小板单克隆抗体，填补了国内空白，达到国际先进水平。随后相继研制成功抗人血小板、vW因子等苏州（SZ）系列单抗180多株，并应用于出血和血栓性疾病的基础与临床研究，其中5株SZ单抗被确认为国际血小板研究的标准试剂……阮长耿，亦被学界公认为我国血栓与止血研究领域杰出的开拓者之一。杜子威教授，1974年创建了苏州医学院（现苏州大学医学部）脑神经研究室，开展了脑神经疾病的基础研究，成功研制出国产醋酸纤维薄膜，首次制定了中国人脑脊液蛋白电泳的标准值，建立了中国第一株人脑胶质瘤体外细胞系SHG-44及其裸小鼠移植模型NHG-1、中国第一株抗胶质瘤杂交瘤单克隆抗体SZ39，在国内首先成功建立了人脑胶质瘤基因文库。传统中药制药名师、国家级"非遗"传承人李英杰先生经年潜心研习，以敬畏和专注传递中医药文化之魂，在不断创新中将传统制丸技艺发展至炉火纯青的地步。

长江后浪推前浪。医学事业的发展，需要各方面人才。本次推出的名医访谈系列丛书，目的是为了传承。我们的愿望是把名医的风采、经验作为财富，贡献给大家，可以一代又一代地传承下去。他们是"博习创新，厚德厚生"的杰出代表，我们也希望在他们的感召下有更多的名医涌现。人才辈出，才能使我们在当今的世界竞争中立于不败之地。

名医已经沉淀为苏州医学、医疗、医药发展的一种精神动力，历经传承与创新，浓缩为一种与时俱进的时代品格。八位名医访谈是"东吴名家·名医系列"的首批实录，历时三年，挖掘整理了老一辈名医的故事，以照片、文字和视频的形式完整真实地展现出来，以期丰富和拓展我们的名医文化建设，从而使我们的文化建设事业迈上一个新台阶。

苏州大学附属第一医院院长　侯建全

华润龄

　　华润龄，苏州市名中医，高级中医专家，江苏省、苏州市非物质文化遗产评审专家。曾在苏州市中医院内科、血液科、调养科坐诊，从医半个多世纪，上承吴门医派著名老中医奚凤霖和陈松龄两位先生医脉，理法方药，思路清晰，用药达简，活人无数，在中医业界和患者当中树立了良好的口碑。华润龄连任多届江苏省中医学会仲景学术专业委员会副主任委员，曾受聘南京中医药大学副教授、扬州大学兼职教授；担任过苏州市中医院中医研究所副所长、苏州中医博物馆副馆长等职务。他一身儒医风范，学养深厚，参与编撰大型丛书《吴中医籍》《吴中十大名医》《吴医荟萃》等书，著有《吴门医派》，编辑整理《奚凤霖医论集》《血液病治验》等中医学术著作多部。

与本书作者在一起审稿

为钱仲联先生诊脉

参与筹建的苏州中医药博物馆

华润龄收藏的中医古籍

目　录

特稿

003　儒医风范　吴门传人
003　医路：杏林半世　岐黄人生
005　医道：天人相应　顺乎四时
007　医术：清简达病　妙手回春
009　医德：仁心济世　儒医风范
011　医承：师道照人　继往开来
013　医思：坚守传统　人间正道

专访

017　吾生有涯　学医无涯
031　药香漫溢姑苏城
038　话吴医源流　说吴门名医
050　民间附会的踏雪与扫叶
058　苏州现代中医发展简况
068　博涉知病　多诊识脉　屡用达药
077　中医的诊疗方法（上）

088 中医的诊疗方法（下）

095 漫谈中药的用法讲究

104 吴门医派的忧思

111 传统中医话养生（上）

124 传统中医话养生（下）

134 全国首家中医药博物馆的筹备

139 溯源古今　博览中医

他人说他

151 洪刘和：他是当代吴门医派的传承人

159 吴冰：他就是一位儒医

165 柏云伟：他治病也治人

172 患者代表：他就是纯粹的中医

附录

179 吴门儒医（纪录片脚本）

186 华润龄工作年表

191 名医风范：奚凤霖

196 刻意求精志不渝——记著名中医专家陈松龄先生

198 华润龄膏滋方经验撷英

203　参考文献

204　后记：医缘　人缘　书缘

特稿

儒医风范　吴门传人

他谦谦君子，人淡如菊，坚守着中国儒家的修齐治平理想，穷则独善其身，达则兼济天下。当然，他的济世之术虽不过岐黄而已，但秉持的是中医传统正道，妙手仁心，活人无数。

他待患以诚，一视同仁，医术名闻姑苏，退而不休，专家坐堂一号难求，预约病人都在两月之外；比医术更高尚的是医德，他怜贫悯苦，不用奢药，清简达病，传承了千年吴医的衣钵。

他低调内敛，不求名利，曾多次婉拒项目组的专访，如果不是多年交往，恐怕本书也难以付梓；非独如此，他还拒绝过某大型医药纪录片的访谈和其他诸多的宣传邀约。

他就是华润龄先生，今年73岁，是当代吴门医派正统传承人之一，在中医许多领域有过较深开掘，学养、医术和医德得到业内同行和众多患者的嘉许，是一位有口皆碑的吴门儒医。

医路：杏林半世　岐黄人生

"中医没有那么神秘。苏州人的生活本来就和中医很近。"

和华老一见面，聊起的话题自然就是中医。对他这个土生土长的苏州人来说，和中医结缘就像生活中的饮水吃饭一样自然。

"苏州人的饮食习惯是跟着时令走的。比如，到了夏天，以前我们都是到外面乘风凉，因为高温很容易中暑。在没有空调的时候，暑热天仍要盖着一点东西，肚子不能受凉了。如果你躺在室外的话，头对着风是没有问题的，但脚对着风就有问题了。苏州老话讲'头对风热烘烘',因为这样是不会受凉的,反过来'脚对风请郎中',脚底受了寒气,可能要生病的。这都是生活中的俗语,但表达了中医的一些医学思想。"

华老谈话的声音不高,眼神柔和。尽管头发大半已经白了,但是面色依然红润。与之对坐聊天,有如沐春风之感。

华润龄先生和我的父辈是一代人。十五年前,一个偶然的机会,我们结识了。当时,我接受了一部关于吴门医派的纪录片创作任务,做案头采访时,朋友向我推荐了华老。那时他还没有退休,在苏州市中医医院坐专家门诊,同时还兼着苏州市中医博物馆副馆长之职。在据传是明代首辅申时行故居的园子里,我们一起喝茶聊天,谈中医,话养生。

可以说,我所有的中医知识都是华先生启蒙的。在他的指导下,我先后啃了几十本中医的书。后来,纪录片因故搁浅,不过我写的脚本却被出版社的朋友拿去,作为一套文丛之一出版。我有点惶恐,把稿子给华老审阅,怕我这个中医门外汉班门献丑。华老居然答应为我的小书作序。于是,和华老开始结了医缘。

访谈中,华老很少谈自己,大多数都是谈中医前辈、谈中医源流、谈自己的想法。他从医五十多年,在风湿专科、血液病专科、调养科都工作过,看过的病人千千万万,治愈的也非常多。我让他回忆几个案例,他都不愿意多说自己的成功之处,老是说患者太多也记不住了。我记得,我有个朋友和太太原来丁克多年,后来忽然想要孩子,人过三十,还真有些吃力。检查、吃药、戒酒,折腾了两年后都没有效果。有一次和华医生吃饭闲聊,他说:"什么时候请他来吃我几服药,试试看。"说也神奇,几个月以后,朋友的太太竟然怀上了宝宝,儿子现在都已经一米五了。你信中医也好,不信也罢,事实就在那里摆着呢。

说起从医的经历,华医生和我简单提起,他20世纪40年代出生在苏州一个小业主家庭。父亲平时喜欢订阅一份上海的健康养生杂志《健康月报》,里面有不少中医的内容。父亲有时从上面抄写药方去中药店里配一些药,居然很有疗效。从那时,华润龄就开始对中医有了最早的认识,准备立志学医。高中毕业后,他遇到了下放的名老中医奚凤霖先生,就拜他为师,系统地学习中医知识。1978年以后,各地开始恢复中医建设,急缺人才。那一年,在厂矿医院工作的华润龄参加了全国中医师统考,全省数千人参加考试,苏州地区只招十几名,他榜上有名。从此,华润龄就到苏州市中医医院工作，走上正规中医行医之路。

华医生的家一直都没有搬过，就在白塔东路的一个普通的住宅小区里。十几年前我去拜访过，十几年后还在那里。房子不大，干净清爽。小小的客厅里挂了不少书画，中堂有一副对联：岂能尽如人意，但求无愧我心。冲淡平和是华先生为人的写照。满满的一架书，不是医书，就是苏州地方文史方面的书。按理讲，作为苏州知名的老中医，退休后延请礼聘他的企业商家很多，如果是需要钱的话，华先生应该过得更好。但是，访谈中他和我说："房子不需要那么大，住着舒服就好；钱是赚不完的，病也是看不完的。我的精力有限，这样最好。"

华老的书房名叫"医悟斋"，他就在这个七十多平方米的斗室里研读医书，思考中医，领悟人生。

医道：天人相应　顺乎四时

道术为天下裂，其实医术也是一样的。

十几年前，华润龄先生写过一本《吴门医派》，通俗地阐释了吴地医药文化的源流和传承。在书里，他指出，中医是一种科学，但首先是儒道混合、阴阳五行等朴素哲学的具化，是中华传统文化的结晶。中医与中国百姓的日常生活紧密联系，与中国人的生活方式、饮食起居以及生理结构密不可分，是千百年来无数医生的经验总结，是千万个罹患疾病个体的生命体验沉淀。

医者，意也。这个是中医从原始巫医到后来的道医、儒医发展的轨迹，但是也是后世庸医被世人诟病的地方。访谈中，和华老谈及这个话题，我们聊起了叶天士用立秋当天坠落的梧桐叶作为药引煎水来治疗难产妇的故事。华老说，这个是典型的意，但叶天士治病绝不是靠这个，他留下的《临证指南》等医术都是非常严谨的。民间把他附会成天医星下凡，反映了清代百姓对疾病祛除的渴望，是对他本人医术的称赞。故事里，立秋属金，梧桐落叶，有下落之意，何况是药引子，不是主药，主药还是要有安胎顺气的成分在的。不过古代没有产科手术，对中医来说，难产也真是一个难题。

道法天地，医法自然。华老说，中医从老庄哲学里的"元气论"出发，讲求物质的气，讲求"五运六气"，然后杂糅了阴阳五行学说，把人体看成一个整体，用"精气神"的存在形式来解释人体自身的物质现象和精神现象。据他理解，中医治病最主要的还是三个原理：一是整体观念，二是平衡原则，三是辨证施治。

整体观念：华老向我们介绍，中医学认为人是一个有机整体，人体的各个组织器官在结构上既独立存在又相互沟通，在功能上相互协调，所以在病理上也就相互影响。同时，生存在自然界中的人与外界环境也有着千丝万缕的联系。人必须适应并顺应自然才能维持自身稳定的功能活动，维护人体的内外环境统一。古人认为，天、地、人是一个统一的整体，"天人相应"是中医学的一个根本观点。这里的天是指宇宙，人与天地相参，"人能应四时者，天地为之父母"。因此，也有人把中医通过脉象和望闻问切的总体感知来考察病人的症状，关联了现代科学的信息论、系统论和控制论，二者居然不谋而合。犹如黑箱技术，就是不用分割拆裂，仅仅从外部研究就能把握其本质。在古人眼里，人体也是一个未知的黑箱，从外部与内部的联系就能窥测其中的奥秘。当然，到了宋代，中医也有了人体解剖（起源于仵作或者提刑官），当然主要是用于刑事案件。但是中医对人体整体把握施治的原则一直没有变。

平衡原则：华老介绍，根据阴阳五行学说，一年有春温、夏热、秋燥、冬寒的四时变化，自然界也有春生、夏长、秋收、冬藏的生命规律。中医理论就是根据这些阴阳相生相克，还有人体在不同节令气候下腠理的开合关闭、脏腑的运行循环规律来诊治疾病的。一般来说，人生病了，就是人体的平衡被打破了。人以五脏为小宇宙内核，五脏大致代表了人体的呼吸、循环、消化、泌尿和内分泌五大功能系统，它是通过经络与六腑、五官九窍、四肢百骸等器官组成的一个统一的整体。人的脏腑既独立运行，又彼此影响，只有在常态和平衡的基础上，人才会感觉到舒适和自在，即所谓神清气爽、精神愉悦。当人体受到外力作用，比如气候变化、过度劳累，或者受到自身情绪的影响，比如压力、焦虑和忧伤，都会打破平衡，影响脏腑的良性运行，从简单的生理反映到代偿反应，最后变成了病理反应。按照这个学说，人的卫病养生是一个日常的积累，即所谓的"饮食有节，起居有常"。

辨证施治：谈到具体的治疗方针，华老说，辨证施治是中医认识疾病和治疗疾病的一个重要方法，是中医医生必须掌握的。它包括辨证和论治两个方面。所谓"证"，就是人体在疾病状态下与发展过程中某一阶段的病理表征。这个表现包含了病因、部位、性质、程度和疾病可能会发生的变化，同时还涉及患者的年龄、体质、过往病史等自身原有的因素。有了"证"以后，"辨"就是关键了。辨，就是

"审辨""甄别"的意思,是在望闻问切四法后,通过对所有信息的综合、归纳、分析,最后判断它是哪种"症",然后确定治疗方法和方案。比如感冒,中医会分成风热型和风寒型;比如头痛,我们要辨别它是肝阳、热寒、痰湿、淤血等因素,这样才能避免用药的盲目性或偶然性。所以,简单说,辨证论治就是认识疾病和处置疾病的过程,辨证和论治是前后衔接、相互联系、不可分割的两个方面,是理论和实践的有机结合,最后形成了中医重要的操作系统:理(辨别病理)、法(治疗方法)、方(开出处方)、药(配制中药)。

医术:清简达病　妙手回春

形而上之为道,形而下之为器。

虽然没有接受过系统的中医教学,但是华润龄先生以从师的经历作为基础,并通过不断的读书来增强中医理论学习。华老的家里收藏了数十卷医学古籍,都是线装的,最早居然是明代的刻印本,应该属于珍本和善本了。年轻时,华老就常常深夜苦读、研究经方,并辅之以医疗实践进行验证。最近碰到华老,他说眼睛白内障很厉害,想必是青年时期读书过度所致。他说,中医是一种成熟的医学文明,早在一千多年前就完备了。我们今人到现在的认识也没有突破古人的框架。中国早期的医学经典就是张仲景的《伤寒论》,完整地说应该是《伤寒杂病论》,包括《伤寒论》和《金匮要略》。《伤寒论》就列举了发热类疾病的一些症状,吴门医派的温热病就是从这里发源而来的;《金匮要略》是治疗杂病的经典,包括疑难杂症、心脑血管类、妇科等病症,共有23篇。

华老告诉我,古人说做一个好医生要达到三个标准:"博涉知病、多诊识脉、屡用达药"。这是非常有道理的。三句话总而言之实际上是一个意思,医生应该多参加临床,要在临床一线接触病人。

"博涉知病":张仲景在《伤寒论》自序里也说"勤求古训、博采众方",意思是一样的。华润龄在医疗实践中也是这样做的,从坐到就诊台的第一天开始,他就把每一次接触病人都当作检验中医理论、与自己医疗判断相印证的一个机会。比如,中医书上说"真寒假热""大实有羸状,至虚有盛候",但仅靠书本可能会似是而非,就必须要多临床、多操练、多诊治、多辨别。所以,为什么医生越老越吃香?老医生看病看得多,见的病人多,经验丰富,对病的理解透彻。

"多诊识脉"："当一名医生就是要多接触病人"，华老说，"反复在临床诊病识脉，总是有体会的。"晋代王叔和《脉经》上讲，脉象有24种，常见的有意义的有十多种，一般的医生能掌握就不错了。后人虽然有歌诀和图示，但是因为把脉是"只可意会，不可言传"的经验，很多人仍然"胸中了了，指下难明"。华老说，有的病人要求比较高，坐到你面前来手一伸，什么都不肯讲。面对这种情况，他一般是把脉后加强和病人交流，把病人问题问清楚搞明白再对症下药，非常细心和有耐心。说到这儿，我想起当今有些西医医生冷冰冰对待患者，像个机器，多一句话都不肯问，多一个字都不肯说。这种反差太大了。

"屡用达药"：华老和我说，做一名好的中医医生既要知病理，更要懂药理。中药有上万种，有植物，有矿物，有动物，最常用的也有几百种，要准确掌握其性味、主治和功用，单靠书本知识是远远不够的。华老就是在临床上反复应用和观察各种药性，不断总结，反复使用，最后运用自如。他说，好医生一定是知药的。

那天，聊到用药，华老说："《伤寒论》六经辨证，有397条条文，一共113张方子，我数过，总共用了97味中药。你想想，《本草纲目》有上万种中药，张仲景仅仅用97种就能看好病。"华老本来讲话声音特别低，但是那天说到这里时，我发现他忽然提高了语调，眼睛里充满了亮光。他像是一位将军，指挥若定，又像是一位思接千载、神交古人的大儒，他为张仲景自豪，更为中医骄傲。

像医圣张仲景一样，华老用药也有自己的特点，那就是清简。他说吴门医派用药也是这样"清、轻、灵、透"。其中，"轻"是指针对江南人体特质，适度用药，无须过量，解决问题即可；"清"是清爽，选择药不在多，在于有效果；"灵"就是灵活用药，不拘成法；"透"是指解决问题要深入表层，异病同治，比如他的老师奚凤霖先生就从经典医书上找到了"心胃同治"的依据。

华润龄先生用药有自己独到之处，有时会让同行啧啧称奇。比如说，一般医生在诊疗中要清热、解毒、止痛功效，一般要用三味药。但是华老研究以后，某味药兼具有这些作用，于是就用一个药。所以，华老的方子药少，药师配起来快。有的医生一张方子上配二三十味药，虽然各有风格，但不免啰唆繁复，药物互冲还不解决问题。

在这点上，华老是受老师奚凤霖先生影响的。奚老有次给一位首长治病，秘书拿着方子去配药，发现只有几味药，以为写错了。没想到首长用了药后却药到病除，连连跷起大拇指称赞吴门医派的神奇。华老的方子一般不超过12味药。复杂一点也有，也不过是增添两味，绝对不会超过16味药。

药有"君臣佐使"。甘草一般都是佐药，华润龄在实践中就曾大胆尝试了甘草的功用。有的人说甘草是没有用的药，但是华老说甘草是了不起的药，是调和的药。甘草是国老，像朝廷里面的老臣。一般认为，甘草的作用是解毒的作用，但华老研究发现甘草更有了不起的作用，是通血脉的作用。甘草一般有佐使的作用，用量是3~5克，但有时候华老用30克，有的甚至用50克。有的医生转华老的方子一看30克，以为是写错了，怎么用这么大的量？华老于是写方子时在旁边加上两个叹号，表示自己没有写错。

医德：仁心济世　儒医风范

晋代杨泉说："夫医者，非仁爱之士不可托也；非聪明理达，不可任也；非廉洁淳良，不可信也。"古人一直把医德放在医生评价的首位，因为德远远比术重要。对于一个没有德的医生，术会成为他牟利和害人的手段。

认识华老这么多年，除了对他谦逊待人、内敛含蓄印象深刻外，真正的评价更多还是从外面传来。这次系统地采访了好多他身边的同事、学生和患者后，我也深深地为华老高尚的医德所折服。所谓口碑，是无形的，是无数人用心塑造出来的人品形象。

苏州市中医医院血液科医生吴冰是华老的同事，从医二十多年，尽管她自己在血液病治疗上已经卓有成就，但她还是愿意追随华老学习，在他身边抄方两年多。至今她保留着二百多张华老的处方，准备认真研读学习。在吴冰的眼里，华润龄先生就是一位标准的儒医。

吴冰回忆，华老看病总是不急不慢，对病人一视同仁，从来不分贫富。她印象当中，华老病人的需求很大，慕名而来的特别多。他每天固定30个号，按照医院的行规，他手里有6个机动的名额，用于有特殊需要的病人。但是华老的机动名额怎么分配呢？他把这6个名额都给那些挂不上号和远道而来的病人了。有时谁先到，他就直接给谁，不分贵贱。吴冰记得，一个从上海过来的小姑娘生了难治的皮肤病，每次都专程赶过来找华医生看病。有时候前一天晚上挂不到号，她就一早站在华老门口讨那6张号之一。吴冰印象当中还有一个贫困患者，穿着特别破烂。这个病人也总是找华老看病，来了之后挂不上号就一脸无辜地站在那里，华老就给他加号，很同情他。

平等对待患者是一个医生应该做的。而在全社会都在追逐商业利润的时代，有些医院也概莫能免，极少数医生往往靠多开药、多检查来增加收入，这败坏了医德医风。华润龄先生多年来一直坚守自己的为人底线和行医准则。一方面，他继承了吴门医派用药精简的特点，开方子从不超过16味中药；另外一方面，他不以药牟利，从来不开贵药。能用一般药解决问题的，就用一般中药，不给患者增添经济负担。

有几次我在华老旁边看他写方子，最后他都要认真地和患者说上一句：这些药都不贵的。所谓医者仁心，就在这几十年的点滴关爱之上。有次和华老喝茶聊天，他轻轻地和我说："我是医院里的另类医生。"听罢，我内心也是一声叹息。

昆山康复医院的洪刘和医生对华老佩服得五体投地。他追寻吴门医派根源，先后拜了十多个老师，最让他感佩的还是华润龄先生。洪刘和毫不掩饰自己的崇敬之情，他说华先生是现世吴门医派当之无愧的一代宗师。他给华老写了很多的文章和诗，华老从医五十周年纪念日他也专程过来祝贺。其中的一幅贺联写道：

师道照人如镜如影
仁心济世著手成春

洪刘和记得，华老特别爱护苏州老中医的后代。有一位知名老中医去世一百多年了，他的第五代重孙穷困潦倒，来找华老看病。华老不收这个病人的诊费，看完以后还以一个长者的身份鼓励他创业、认真工作。还有其他名医的后代，华老都给他们一些关照。洪刘和感慨，这是尊重我们中医文化、尊重医学前辈，这一点他很了不起，不是一般名医能做到的。

回忆当年跟从华老学医的时候，洪刘和说，每次看完几十个病人后，华老的嗓子都有些低沉嘶哑了，但他坚持给我们再讲半个小时的课。给学生讲课，他连医院的处方纸都不用，都是用写过的废纸，反面给学生们写处方参照。他上班几十年来一直坐公交，按规定老中医是可以打车报销的，他从来不打车。这些细节真的不是作秀，而是他生活简朴自然的表现。

洪刘和说，最主要的是，华先生没有门户之见。他很喜欢热爱中医的学生，他总是有什么就讲什么，经常和盘托出，倾囊相授，恨不得把所有医术都教给他们。这点上，吴冰也有同感，她说华先生自己的号挂满了，还有病人找到他，他就说本院某某医生也是很好的,你去找他看也是很不错的,从来没有因为自己医术高明而有骄矜之色。

章太炎曾经说过:"道不远人,以病者之身为宗师;名不苟传,以疗者之口为依据。"这句话用在华润龄先生身上非常恰当。

医承:师道照人　继往开来

20世纪50年代,苏州中医进入了一个历史性的转折期。在国家的动员下,民间的著名老中医纷纷出山,组建了中医集体诊所,就是后来的苏州市中医医院前身。回顾华润龄先生的从医历程,其结缘中医要归功于两位重要的名医,即奚凤霖和陈松龄。

1965年,高中毕业的华润龄开始自学中医,当时他遇到了从医生涯中的启蒙老师、被下放的著名老中医奚凤霖先生,后来华润龄成为奚凤霖的入室弟子。在奚老身边,华润龄整整抄了三年药方。

今天,很多人已经不知道奚凤霖了,他可是苏州现代中医史上赫赫有名的医生。据华润龄回忆,奚凤霖师从民国名医侯子然和经绥章先生,才思敏捷,医术高妙。"望闻问切,丝丝入扣,理法方药,步步为营。"没有进入中医医院之前,奚凤霖就自己开诊所,名气很大,号称"苏州小郎中"。奚老后来在"内经""仲景"学术思想的指导下,遵循"伤寒钤百病"的原理,进行临床研究和学术创新,在"论宗气""心胃同病同治"等方面卓有建树,蔚然成为一代医家。1993年,奚凤霖还曾受苏州市领导委托赴新加坡为时任总统王鼎昌做健康咨询服务。

华润龄先生在奚老身边抄方,遵循的就是中医传统的师承关系,勤思苦悟,研磨心法。后来,华润龄回忆,当奚老这边把好脉,那边华润龄已经把方子拟好了,有时居然和奚老口授的不差分毫,简直神了!华润龄说,奚老诵病唱方朗朗上口,出方用药时常出奇制胜,新意迭出。多年以后,他还时常怀念奚老行医时的言谈举止、音容笑貌。

1978年,受"文革"影响而中断了十多年的中医药事业又恢复了春天,百废待兴,当时中医后继乏人。那一年,华润龄通过参加全国招考,成为苏州中医医院的正式一员。后来,他进入了奚老负责的中医药研究所,还参加了奚老组织的抢救老中医行动。当时很多老中医年事已高,如果不把他们毕生掌握的中医诊疗手法和经验保留下来，对中医界就是一个损失。于是奚凤霖带着华润龄等人，或上门走访，或书信沟通，还有的利用学术会议交流晤谈，先后收集到本地与外埠的62位老中医的文稿，还有40多盘录音，最后整理出版了《苏州市老中医学术经验论文汇编》。这是一份十分宝贵的中医药遗产，今天看来，是为吴门医派的传承发展保留了一份血脉，弥足珍贵。

转益多师是吾师。华润龄觉得，只有多方学习，才能够掌握吴门医派的精髓和真谛。陈松龄先生是一位在血液病研究方面颇有建树的老中医，也是华润龄先生追随的第二位恩师。后来，华润龄成为在血液病治疗、妇科、内科调养等方面都卓有建树的东吴名医，得益于多方求教、吐故纳新。

多年以后，作为对两位恩师的传承与纪念，华润龄先后为奚凤霖和陈松龄先生整理出版了两本学术专著：一本是《奚凤霖医论集》，作为奚老八十寿辰的礼物；另一本是《血液病治验》，集合了陈松龄先生几十年血液病治疗的探索和心血。两本书出版后在中医学界引起不小反响。

有弟子如斯，两位先生想必应该百年无憾了。

如今，华先生自己也有几名入室弟子跟从学习，继承着吴门医派又一代的衣钵。前文提到的洪刘和医生就是其中一位。洪医生才三十多岁，如今也是昆北地区小有名气的中医了。他跟华老抄方三年多，积累了不少华先生的医案，还把研究华老的医学思想总结成《华润龄膏滋方经验撷英》等多篇论文发表。如今，他正在把华老的药方进行整理分析，准备为华润龄先生整理出版医论书籍。

薪火相传，绵延不绝，这就是吴门医派生生不息的力量。

访谈中，洪刘和回忆说，华老一直跟他讲中医不仅是技术更是文化，劝说他一定要加强传统文化修养。他对中医和西医的分野很明确，一直告诉学生们不要做"在和尚之间念经的牧师"。牧师就是牧师，不要夹在和尚里念经。这话很通俗，意思是告诫学生们不要中不中、西不西，不要挂羊头卖狗肉。华老一生都坚守传统医学，做铁杆中医医生。

古人说，要做人师，不做经师。华润龄先生奉行的正是如此。他教给学生的不仅是医德医术，还有中医文化之道。这个道就是从孙思邈、朱丹溪、戴思恭、吴有性、徐大椿、叶天士、薛生白等一大批中医名家上面传下来的，往大了说，是中医作为民族文化之一脉传承的精髓所在。

医思：坚守传统　人间正道

近百年来，中医一路走来，一路坎坷。华润龄对传统中医的热爱却矢志不渝。

他在临床之余，青灯独坐，整理医学典籍，参与编著出版了《吴门医派》《吴中十大名医》等书；尤其是耗时十年，与同道一起点校整理了一套四册的《吴中医集》，荟萃古来吴门医药典籍40多部，受到中医学界的好评。

对于一直有人反中医和黑中医，华润龄先生有自己的看法。他说，这个不独现在有，早在民国时期就有不少人这样做了。"五四"时期，中国知识分子很激进，对旧文化一概排斥，甚至宣称打倒"孔家店"，胡适、梁启超、鲁迅等人都很排斥中医。这里面既有中医自身的问题，包括概念和认识不清晰，有伪中医和庸医鱼目混珠，败坏了中医的名声，即使到现在，中医也是被艾灸、推拿和足疗拿来当盈利的招牌；另外一方面，很大程度上是中医代中国文化受过。

后来，在争议中传统中医仍然走了过来，胡适的糖尿病就是用中医治好的。鲁迅反对中医是因为中医没有治好他祖父的肺结核。肺结核这个毛病对西医来说也是在链霉素1945年大规模普及后才有治疗效果的，中医当时肯定是难以治好的。把这一切都归咎于中医是片面的。中医当然有中医的问题，和西医比较起来，中医在某些方面是落后的，这个毋庸讳言。但是，在某些地方，西医束手无策时，中医却往往能出人意料，这些问题必须客观地看。所以，有人说，中医是在饭桌上容易让朋友翻脸的话题之一，这话看来不虚。

近代史上，俞樾是经学大师，他自己会开处方治病，但是他反对中医，因为妻子和儿子相继病逝，所以他写过《废医论》。但是当自己身体不适的时候，他还是靠中医来开方调养。后来，他自己又写了一篇《医药说》，对《废医论》里说得过分的地方做了纠正。他提出"医可废，药不可尽废"的观点。他的学生章太炎就是一名医家，曾经用中药治疗好孙中山的失眠症。曾经有人问章太炎，先生的学问是经学第一还是史学第一？太炎先生答道：我是医学第一。

谈到中医是不是科学的话题，华润龄先生有自己的看法。他认为，以前我们把科学分成自然科学和社会科学。我们读书的时候医学还是属于文科的，改革开放后归入了理科，医学被归为自然科学。现代西医的研究方法将人的生命结构、病理变化都用物理的、化学的方式去解释，将人的身体拆成零件去研究，胃、心脏、血管神经都被拆零，缺乏整体的系统观念，这就是将医学视为自然科学的后果。

钱学森在20世纪80年代后期提出生命科学的概念，认为可以将人体生命科学看作一门独立的学科，区别于自然科学和社会科学，我认为这比较符合我对中医的认识。中医是唯象医学，人身体有各种表现，病有各种形态的表现。《黄帝内经》里有句话："有诸形于内，必形于外。"

在和华老交流谈话中，我时时能感受到他对中医发展前景的担忧，主要是两个方面：一个是中西医结合的不恰当并轨，中医医生不把脉，靠仪器检查开药。还有科室设置和医院管理都是按照西医的要求，让中医失去了自我。第二个是当下的中医药大学教育，其中理科培养的学生传统文化基础薄弱，读不懂古文，不认识繁体字，毕业了不会看病，还要从头跟医生抄方学起。这些都需要国家有关部门从制度设计和顶层框架上考虑。中医是医学，但首先是传统文化的一部分。

好在近些年来，随着传统文化的复兴，人们越来越重视养生和调理，中医全面复兴的日子或许不远。每到秋来，苏州吴门国医馆里，请华医生把脉调制膏滋的患者趋之若鹜；同样，每年入夏，苏州中医医院的患者都会排起长队购买三伏贴；调理养生，冬病夏治，中医在吴地的繁盛可见一斑。

但愿华润龄先生的忧思在现实中真正能够得到改变。

期望吴门医学在未来的现代人生活当中能够发挥越来越重要的作用，卫病养生，提升生命质量；也希望追随华润龄先生及其同道的人会越来越多，吾道不孤，后有来者，吴医的路越走越宽广。

最后，祝吴医世代薪火相传，愿姑苏杏林永驻春晖。

专访

吾生有涯　学医无涯

· 苏州人注意养生，尤其重视中医。在苏州这个地方，中医虽然可以讲是非常专业的，但中医养生意识其实是渗入老百姓的骨子里的。

· 很多老版的医书都被「破四旧」烧掉了，非常可惜。所以当时的情况和现在的学习条件差别比较大。能够有一些专业书读，能够跟一个好的老师学医，我觉得已经是非常幸运的了。

· 尤其是中医，不宜学西医分科过细。一千多年前，懂医的大学士苏东坡就说过：「分科而医，医之衰也」。利分得太细化，病反而看不清楚了，这不能不说是一个遗憾的事。

· 中国传统乐器的古琴中可能每一把琴都不一样。每个人对乐曲的理解不一样，同一支曲子不同的人演奏出来的意境也不一样，中医也是这个道理。

· 有民间医药机构邀请我去定期坐堂，我在身体允许的前提下还是愿意的。因为医生是没有退休的，只要病人需要，就不能放下诊疗。吾生有涯，而学医无涯。

潘文龙（以下简称"潘"）　华老，您好，受东吴名医项目组委托，和您做一个访谈。主要是想通过了解您个人的从医之路，进而梳理苏州中医乃至吴门医派的发展历程和取得的成就。

华润龄（以下简称"华"）　我不是中医的主流代表，不宜宣传我个人。如果说，让我谈谈从医的感受和对苏州中医的认识，我倒是可以结合自己的经历聊一聊，供大家参考。

潘　华老，您太谦虚了。也非常感谢您愿意接受我们的专访，希望通过您的口述，为当下的吴门中医保留一些有价值的资料，这个对后世的意义非常大。今天，先请您谈谈您的从医经历。

华　时光过得真快，一晃从医都有50年了，现在已经到退休的年龄了。回过头看，有的感受很深，有些事情就一晃而过了。说起来，我学中医的冲动是因为对医学的兴趣。当时中医不都是现在这样由学校统一培养出来的，那个时候还没有这么完善的社会条件。

　　因为对中医有兴趣，所以我去找老师学习。通过很长时间的学习，慢慢一步一步走过来。到最后取得一个从医的资格，最终开始了临床工作。所以还是从临床开始，如果没有临床，我就不会有深刻的认识，也不会有研究的方向和亲身的体会。

　　我觉得入中医这个门主要还是从兴趣出发，其实学什么东西都要自己有兴趣。有了兴趣以后，就会花工夫、花时间，就会很自觉地去学习。所谓的学习自觉、文化自觉，都是这么来的，都是要有兴趣。

潘　苏州这个地方其实中医传统的意识还是很浓厚的。

华　是的，苏州人生活中注意养生，所以就重视中医的知识。中医虽然是非常专业的，但在苏州这个地方，中医养生意识已深入寻常的生活中，渗入老百姓的骨子里。在苏州，中医的很多知识都体现在日常生活里面。报刊书本上有传播，父母以及长辈的生活经验都会用中医的知识来表达。比如，没过黄梅雨季不主张吃西瓜，因为西瓜是甘寒的东西，而黄梅季节寒湿气比较多，就容易引起肠胃的反应。过了黄梅季节以后，到了伏天，西瓜就是时令水果，对人体消散暑热有益处。苏州人的饮食习惯是跟着时令变的。比如，到了夏天，以前人们都是到室外乘风凉，高温的天气里很容易中暑。在没有空调的环境下，晚上睡觉肚子上还要盖一点东西，怕肚子受凉而影响肠胃功能。如果你躺在室外的话，头对着风是没有问题的，但如果脚对着风，就可能会有问题发生。苏州老话讲"头对风热烘烘"是不会受凉的，反过来"脚对风请郎中"，脚底受了风寒要生病的。这都是生活中的俗语，但表达了中医的一些医学思想。我们常说"头上风寒脚上起"，所以人的两只脚应注意保暖。这是生活中中医知识和思想的体现。

潘　您能不能回忆一些细节，当年是如何对中医感兴趣的？

华　那时候，我大概十多岁，看到父亲对中医知识很喜欢。他有一本民国时期印行的《健康月报》合订本，是上海名医陈存仁主编的。里面都是中医养生治病相关的内容，随便翻翻看看觉得蛮有意思，开始对中医产生了兴趣。因为中医的药物都是日常的食物或草木，有时候家人有一些小毛病，父亲就自己抄一些药方，去药店配。回来按照药方要求熬煮服用，有些问题居然就顺利解决了，比如伤风感冒、胃痛腹泻，这些小病都能自己调整。我在懵懂的年龄会觉得很神奇，就这样慢慢兴趣增长，对中医也有了一些肤浅的认识。

到了中学，我自己心中有了一个兴趣方向，觉得以后要去学医，做一名济世活人的医生。当时大学的录取率低，在唯成分论的环境中，能上大学的是非常稀少的，还有推荐和保送。

我的阶级成分是小业主，不高也不低，但还是被边缘化了，失去了学习的机会。进不了大学，我沉湎于古典文化知识，看一点医学方面的书籍。首先接触到的就是《黄帝内经》这部书。

潘　华老，那您最早的老师是哪一位？

华　是奚凤霖先生。那时候老中医的中医基础都是比较扎实的，学养和素质都高。奚先生和陈松龄先生两位都是江苏省名老中医。"文革"中，奚先生是保留门

医学古籍

诊的批斗对象,我就是抓住这个机会向奚老学习中医的。

我第一次见奚凤霖先生是通过朋友介绍的。我对奚老讲,我非常喜欢中医,我想跟你学,然后他很高兴地答应了。那时候跟老师也没有什么仪式,就是奚老在门诊的时候跟他抄方子。学习中医都要有抄方子的经历,行话叫"侍诊",抄个三五年都很正常。在抄方的过程中,老师会指定要求读一些书。我拿着奚老开出的书目,四处找书。"破四旧"后,中医的书还不容易找到,后来在旧书店的仓库里找到了几本书。这两本书是上海陆渊雷编著的张仲景《伤寒论释义》和《金匮释义》。当然还有其他的,比如《黄帝内经》的简读本《内经知要》。"文革"期间没有这么多书,很多老版的医书都被"破四旧"烧掉了,非常可惜。所以当时的情况和现在的学习条件差别比较大。能够有一些专业书读,能够跟一个好的老师学医,我觉得已经是非常幸运的了。

闹哄哄的"文革"期间,我没有参加造反派,反而有机会静心读中医书,同时也被分配到企业的卫生所工作。大概有八九年,一直到1978年的时候,"文革"结束以后,我才有机会取得正式的医生资格。

1978年以后,国家百废待兴,科技文化在复苏中。中医的一系列工作也开始慢慢恢复起来。针对中医事业后继乏人、后继乏术的局面,国家相关部门在全国招考中医人员。当时的招考没有复习大纲和培训课程,就是号召中医从业人员报名。我接到通知距离考试只有两个月左右时间,非常仓促。苏州招考主要面向从事中医临床的人,在集体性质编制中可以进入全民所有制事业单位,报考人员要有8到10年的从医经历。考试包括笔试和面试,笔试有试卷和论文。全市报考人员有80多人,最后录取了16人。我通过了考试,有幸位列其中。这次十分难得的考试改变了我的命运,这辈子就和中医结下了不解之缘。

参考人员中有一部分是在基层工作的中医人员,还有一部分是医院中没有事业编制的中医人员,可以通过考试转变身份。考试录取以后有几个分配方向:苏州当时设有中医大专班,可能做大专班的老师;第二个可到中医杂志当编辑,当时省里办了一个《江苏中医》的杂志,刚刚恢复,急需编辑人员;另一个则到市级医院工作。我认为从事中医工作就要到中医医院去,做临床医生,于是我选择先到病房,当一名床位医生。几年临床之后,奚凤霖先生负责成立了中医研究所,把我调到他身边工作。那时我边保持门诊临床,边帮助处理研究所和中医学会的工作,与奚先生相处数十年。所以,我和奚老的感情是比较深的。

我到了医院以后就有了一个比较大的中医平台。做病房医生要管病床、要查房、要值班,但是对我来说更多的是补课。文化复兴以后带来了中医的春天,想当好一名中医,就要加强中医学基础理论知识的学习,提升自身医疗水平。在病房工作的同时与陈松龄先生有较多的接触,因为他每周要到病房来对血液病人会诊。有一个转益多师的想法,所以我选择陈松龄先生为第二个老师。因为两位老师的医疗风格不完全一样,这更好地拓展了我的视野,促进我的中医水平。

潘 请您具体谈谈苏州中医与温病学说之间的关系?

华 苏州的中医大都是从温病治疗临床上历练出来的,主要是看发热性疾病。在苏州地区,温热病是多发的,是人类疾病中比例较大的。有些发热性疾病就是瘟疫。明末清初温病学派的形成就有温热病的治疗和理论发展。但是现在温热病已经很少用中医来处理了，发热性疾病大多数人会选择用抗生素、输液治疗，因为见效快。当然有时也不是西医都能拿下来的。典型的例子就是2003年的SARS和2006年的禽流感，还是用中医药的方法取得了良好的疗效，积累了治疗经验。在SARS的初始阶段，抗生素的应用控制不住。发病的人越来越多，流行播散越来越大。在广州，当中医参与以后，非典的气势就压制住了。大陆治疗非典的成功率比香港要好。当时从香港传播到广州，广州是大陆的发源地，影响到北京以后局势就很严重了，得到了中央的重视。实践的过程表明中医参与温热病的治疗优势比西医要大得多。比如，广东地区用中医温病理论诊疗的36位病例无一例死亡，让大家对传统中医刮目相看。现在一般的发热病，比如感冒啊、肺炎啊，抗生素确实要比中医方便，见效明显。去医院，输个液，然后吃点药就会控制。所以，人们觉得西医比中医治疗效果要快，但是有的时候中医也不慢。有些发热病属病毒类感染，抗生素失效，西医疗效就不可靠了，中医两三天内就能控制。现在针对常见的气管炎、咳嗽等，往往中医更有治疗优势。咳嗽不是大毛病，但对人的干扰影响不小，用抗生素就是疗效不好，有的患者反映挂水十天半个月都治不好，中医反而能很快治愈，这是优势所在。

以前苏州的中医都是从治疗温病中成熟起来的，温病最能考验医生的技能和水平。中医对病的认识是系统的，一天怎么变化，两天又有什么变化，然后用相应的中药去诊治。《伤寒论》中为什么有"六经"病症？"六经"就是六个不同的发病传变时期。"六经"中间还有一候、两候的观察周期。七天是一候，半月是两候，都是有规律的跟踪诊治。一候时病会发生什么变化，两候时有什么传变，都有相应的处理模式和应对措施。

从前，治疗温病是考验医生水平的。老百姓说，哪个医生能解决好温病的话，哪个医生就是有水平的。这个医生挂牌行医，大家就信服。有的医生天资好，能把病人治好。尤其是看一个伤寒病，不是指《伤寒论》中的一种伤寒症，现代概念是指细菌感染的肠伤寒。开始时就是高烧，连续十天半个月无法退烧，因为发烧预示着细菌在身体里是感染高峰期。古人虽然对细菌不认识，但都知道伤寒病一般有一个较长期的过程。在伤寒病发病变化的过程中，医生能把握住，一步一步让病人退烧，控制病情的变化。伤寒病病位在肠子里，身体里感染细菌后使人发热，高峰期就有高热。伤寒病的后期也很重要。早期发烧病人什么都吃不下，后期康复就会什么都想吃。吃东西要是不小心就容易导致肠道出血。这些有前人的诊疗经验教训，警示医者，告诫病人。

中医分科不是很细，但是每个医生都有自己的研究方向。奚凤霖先生研究张仲景的《伤寒论》，晚年尤重视经方治心病的临床；而陈松龄先生重视《金匮要略》的研究，对疑难杂症下功夫较大。

受现代医学的影响，中医接受的是西医管理的方法和模式，这影响到中医发展的自身规律。因为用了西医模式管理中医，有的地方借中西结合的名义，用西医来管理中医，用西方"科学化"的思想来管理传统文化的中医，所以影响了中医的进步和发展，这个问题到现在都没有很好地解决。这是一家之言，姑妄言之。

潘 请您具体谈谈两位老师的医学成就和对您的实际影响？

华 奚老中医学术造诣较高，运用经典理论，古为今用，结合临床实践，对一些难治性疾病都会思索考究。早在20世纪六七十年代，他率先投身对老年性慢性支气管炎、肺气肿、肺源性心脏病等呼吸三病的攻关研究，钻研古籍，发掘验方，指导临床。

现在中医与现代医学一样出现了多级的分科。如果从分科意义上来说，奚老做过很多专科。与医院的科研任务相关，还有国家下达的研究方向等。因此，奚老对老年性慢性支气管炎、肺气肿、肺心病等疾病的治疗做过专门研究。老慢支是一个古老的病，在20世纪五六十年代得这个病的人是很多的。因为卫生治病条件差，人们得了伤风感冒一直拖着，变成慢性咳嗽，到了四五十岁以后，就变成了老慢支（即老年性慢性支气管炎）。这个病到了后期是很难解决好的，影响人们的生活和工作，病人也十分痛苦。奚老就开过老慢支专科门诊，下过功夫，对这个专科疾病进行研究，也取得了一定的成果。一段时间里，发现心脏病和肾病的发病多了。现在肾病有血液透析解决得比较好，但当时没有这些条件，所以当时奚先生还做过肾病的专科。面对肾炎病人救治难度大的棘手课题，奚老没有退缩，倾注心血，做了大量的研究和临床实践，开创了中医医院的肾炎专科。在接诊的各种疑难病例中，他怀着对病人的高度责任心加以研究、进行治疗，并能凝滞冰释、沉疴祛除。

晚年的奚凤霖先生钟情于心血管病专科门诊。心血管病在20世纪80年代后高发，现在发病率更高了，年轻人也有患上了心血管病，并发的中风、心绞痛、心肌梗死、脑出血……威胁到人的生命，这成了医学发展的研究任务。奚老应用现代医学知识对照中医理论，发表了心胃同病、心胃同治的见解，成为真知灼见的学说，在临床上取得了疗效，这就成为他后来的研究方向，他是一位中医心血管病的名副其实的专家。

陈松龄先生对《金匮要略》研究颇费心力。《金匮要略》这部书是关于杂病的诊治方法的记录，诸如中风、疟疾、肺痿、肺痈、肠痈、心痛症、黄疸病、心痛短气病等。《伤寒论》是对发热疾病不同阶段辨证治疗的方书，包括并发症的辨证以及方法的记载；而《金匮要略》则是对各类疑难杂病辨证治疗的方书。所以陈先生在这方面研究得多，花的工夫也大。20世纪50年代的时候，陈老就开始研究血液病。那时候发病不多，西医还没有完整的认识和有效的治疗。那时候，第一人民医院血液研究所就邀请中医参与合作，结合中药的治疗，这是一个很好的开端。

受陈老的影响，我门诊上的血液病人也多。西医可以解决一部分问题，移植骨髓也有效。但当成为慢性病程的时候，需要长期的治疗，就是我们理解的免疫性治疗，中医就有较大的优势。

潘 您这样讲，我们对两位老师都有了一个粗浅的认识。具体来说，在您眼里奚老和陈老是一个什么样的人？

华 奚老有个美誉叫"苏州小郎中"（笑），可见当时奚老出道早、名气响。后来进了中医医院，尤其是在20世纪80年代到90年代期间，奚老对中医所做的贡献是很大的，为吴门医派的继承和发展做了大量有意义的工作。1950年以后，国家说要建立集体的医疗机构，奚老热诚响应，积极参与到当时的中医诊所里（诊所1952—1953年由市卫生局直接管理），1956年在此基础上成立市中医医院。虽然医生的待遇很好，但还是比不上私人开业的收入，参加医院工作的医生响应号召，还是很有贡献精神的。

在我侍诊奚老案前时，是他精力充沛、思维活跃、学术成熟的那段时间。全国各地都有慕名求教者到奚老案前学习。在众多学生随诊时，奚老运用娴熟的临床经验、出口成诵的经文章句和理法方药，他思路清晰，口述脉案，朗朗上口，侍诊在旁，有时仿佛有一种听觉上的享受。奚老坐堂门诊吸引了无数的病人；深入病房指导医疗，析疑解难；休闲家居，对慕名求医者一丝不苟。奚老对中医经文娴熟似流、对中医理论运用自如、对病情分析出人意表、对处方用药严密活泼无不为同道所折服。

奚老没有嗜好，晚饭时喝上二两黄酒，时有红烧肉佐餐，听上几段评弹唱词，

与奚凤霖先生合影,中间为奚凤霖,右一为华润龄

这就是工作之余的乐趣。因为子女很多,一段时间里生活并不宽裕,但他在家庭中的长者作风、尊者地位造就了良好的家庭氛围,节庆假日亲人团聚,和睦相处,其乐融融。

奚老的一生浸淫在中医学的滋养里。他的所有时间是在为人治病—读书学习—撰述笔耕中度过,在饭后茶余或在家庭饭桌上,他常会兴致勃勃地谈起病人与中医的一些趣事。

陈老拥护政府号召,较早参与了筹建中医医院的建设和发展。当时医院成立以后他是内科主任。当时中医医院分科是七大科,有内科、外科、妇科、儿科、伤科、针灸科、推拿科。当时七大科是一级分科,现在医院里还有二级分科。内科的二级分科是消化科、心血管科、呼吸科。发展到如今,分科越来越细,出现了三级分科。消化科下面还分胃炎专科、结肠炎专科、肝胆病专科。不过,我对此有保留想法,中医不宜分科过细。八百多年前,懂医的大学士苏东坡说过:"分科而医,医之衰也"。专科分得太细化,不是中医特色,违背了中医整体观念的原理,这不能不说是一个遗憾的事。

奚老也做过内科主任。他治病的思路很清晰,临床就是八个字:"望、闻、问、切、理、法、方、药"。"望闻问切"是治疗的依据,"理法方药"是治疗的方法。我们当时学习时,老师的每一张方子都要抄下来,唯恐遗漏。我现在对学生讲,你现在认为我的每一张方子都很重要,每一张都要抄下来研究学习,但愿这是个过程。

当你到一定的时候，这些方子就都没有用了。病人不是僵化的，病情是会变化的，那么方子就要变化了。病人不会跟你的方子走，你要跟着病人的变化走。

现在的大学本科学生读完五年大学以后，到了临床却无从下手，还要有三年的规范培训。这就走上了原来的老路，要继续跟老医生抄方。现在已经没有以前抄方的环境了。同样，一个研究生毕业出来，也是不会看病、不会开方子。书读得很多，方子也背得很熟练，但他不知道如何面对病人、用什么方子比较好，因为缺乏实践判断和锻炼。学习中医还是应鼓励抄方子，跟一个有水平的老师抄方子，在面对病人时理解老师的辨证，对老师方子加以揣摩，久而久之才能进步。我认为，只有经历了这个过程，才能学好中医。

潘 跟随奚先生学医，有没有遇到他处理疑难杂症的时候？

华 有的。医生看病，常规都能看好的病就显得轻而易举，难就难在疑难杂症。有的病人病情复杂，辗转过很多医生还没有好的治疗效果，这时就给了你研究的机会，大多数医生反而更有兴趣去做。遇到难治的病，会激起医生攻克的欲望。应变的方药并没有思想准备，有时突然一下就从脑海里跳了出来。这是组方时候的灵感，也是长期积累的必然，这是中医文化灵感的体现，可遇不可求。

一次，奚老去附一院（指苏州大学附属第一医院，以前是第一人民医院，下同）会诊，有个发烧病人长期高烧不退，情况很严重。检查已经很完备了，但热度一直退不下去。抗生素和激素都用过了，没有疗效，最后就想到要请中医会诊。20世

奚凤霖先生与新加坡前总统王鼎昌

纪七八十年代，医疗环境比较好，中西医互相尊重、互相切磋，不像现在这样有点排斥，就是在中医医院中医会诊也不是很多。记得那时侍诊老师还经常参加中医的院内会诊。本院的医生们都很熟悉，见面也常开开玩笑、打打趣，不是非常严肃的，会诊氛围很好。会诊时，奚老和附一院的同道互相讨论了病人的病情和病状以及用了什么药，然后奚老开了一服药。第二次复诊的时候，这个病人的热度居然就退了。这种情况的出现往往会让西医对中医刮目相看。所以奚老对这个病例印象深刻，也很得意。我记得他用了"十四味建中汤"这张方。这个方子他平时也很少用，我们熟知的"小建中汤""黄芪建中汤"临床用的频率比较多，尤其是治疗消化病时的效果可靠。"十四味建中汤"的十四味药都是补虚的药。中医歌诀中"阴斑劳损沉疴起"就是甘温除大热的一个典型案例。奚老记诵了这句话，用方得法，效如桴鼓。你说神奇吧？

也有身体虚弱而感冒发烧的病人有时候反而要用补法，通过甘温的药去除发热。门诊上我也见奚老用过，用的是"补中益气汤"。这就要求医生学有经验，判断准确。每个医生都有自己的用药特点。会诊时，每个医生用药的方法可能不完全一样，但是通过会诊交流基本会有一个共识，这个共识是在中医法则的前提下完成的。奚老在晚年厚积薄发，学术研究成果更大。在中医研究所和中医学会与奚老一起工作时，我体会更多、更深。

潘 跟奚老抄方学习过程中，您有哪些具体的深刻体会？

华 我开始抄方时候把每一张方子都抄下来。这些脉案我还保留着。到后来，奚老看病，当对病有了把握时，我也大概知道他要用什么方药了。往往到最后，在他望闻问切诵病唱方时，我就已经写好方子了，基本上与奚老的思路吻合，哈哈。这是一个模仿到成熟的过程，学医是这样的，学习别的东西也是如此。开始抄方时你会觉得每一张方子都很好，舍不得丢弃，到最后发现每一张方子都不是呆板的，因为病情是变化的。十年以前的病和现在的病可能大致相仿，但细节上有很多不同，方子就要改变了，所以多了一个方法叫"加减"。在一个验方模板上加减，又称"化裁"。所以，在行内往往都能看出来这个学生开的是哪个老师的方子，因为方子里有老师的影子。

我和古琴制作演奏家裴金宝先生是朋友，有时我们一起聊天，就有很多感触。中国传统乐器的古琴中可能每一把琴都不一样。每个人对乐曲的理解不一样，同一支曲子不同的人演奏出来的感觉也不一样，中医也是这个道理。门诊上有时翻看病人的病历卡,还可以看到自己二三十年前开的方子,会发现自己以前开的方子和现在开的方子变化很大。我觉得这个变化是正常的,说明你的医疗观念更新了、医术水平提升了,这样才能够最大限度地匹配病人。所谓"精准医学"只是个愿望,凡事凡物都在不断地变化和进步。每个病人的病不会都是典型的。可能胃痛伴随着腰痛或便秘或打嗝,每个病人都是复杂的综合体。中医学中常提到"观其脉症,知犯何逆,随症治之""治病求本""标病本病"等概念。每个医生就要根据经验、水平来把握。据说叶天士就向17个老师学习医术,跟不同的老师能学习到不同的方法。只要有效,这个方法就是好的方法。

潘 华老,请您再回忆一下跟随陈松龄先生学医的情况,还有哪些有趣的细节?

华 陈先生在中医血液病研究上卓有建树。中医学把血液病的认识归类于血证虚劳骨蒸一类。侍诊陈老时日也长,曾经将抄下的几百个方子整理归类,提炼出一些共性和特性的东西,编著了《血液病治验》一书。

陈老这个人日常的表达不多,平时没有太多的废话,都是一心一意沉迷在中医学思考研究上面。在20世纪60年代,陈老接触到西方哲学中的"控制论"学说,产生了兴趣,认真思考,加以研究。他把控制论的黑箱理论与中医学的整体观念、脏腑学说、经络学说结合起来,运用新的思维方式,阐明了中医学宏观层次中的一些难以理解的信息,这是一个学有专长的老中医接受新学说、融汇古今的实例,也是陈老自我充实、不断学习的精神体现。陈老对《金匮要略》的研究有大量

陈松龄先生在诊脉

笔记和分析，思考以后更有体会。他依据《金匮要略》原理对230多个病例进行分析，撰写医案，有理有法，详细完备。他还编了一册《本草口诀》稿本，不过后来没有正式出版。陈老对中医经典医籍《金匮要略》一书有较深的研究。

　　作为入门弟子，我和陈老相处的时日较多。陈老水晶眼镜后的睿智目光、唇边的银须、带几分微笑的面容常常在我脑际萦回。

　　陈老中年丧偶，一段时间里的生活都是自己料理。由于健康原因，一周安排三个半天门诊，所以有较多的时间待在家中，读书阅报之余，自己还上街买菜，洗汰烧煮都在行。

　　记得那时，当我踏进十全街上三元坊口的"延椿医庐"老屋，眼前是简朴的苏州民居格式，门厅后的一幢二层小楼还是曾经下放农村的两位儿子自己动手的杰作。"读经楼"上是陈老的读书处兼作卧室，楼下的起居室是家务的场所，有时也权作上门求诊病人的诊室。由于他有心脏疾患、肠胃功能紊乱，陈老晚年的二十多年里是以粥为主食，除菜蔬河鲜营养之外，陈老作为保养方法的还有猪肤汤，以干肉皮作为原料加工成冻胶，自己动手制作，每天炖食一份，一直受用了许多年。以后代之蹄筋汤，每天文火炖煮7根寸许长的蹄筋作为营养点心，同事们有时会与陈老开上一个玩笑：怪不得陈老的皮肤这样细腻白皙。

华润龄与老师陈松龄，右为陈松龄先生

我接触到血液病人较多，如血小板减少症、再生障碍性贫血症、贫血病、骨髓增生异常症等。血液病根本是骨髓增生问题，和免疫关系更大。我在中医医院里做过血液病专科，血液病的问题是阴阳气血的平衡问题。当平衡偏颇以及受痰湿淤浊的不同干扰，就产生了疾病。如果人们对中医平衡理论的认识到了一定程度，那么疾病的防治就可以得到更好的疗效。中医医学绝不是单纯的生物医学，也是一个社会医学，在社会复杂背景下研究人和人的行为模式，顺应自然，守护生命，保障健康。

近些年，我对奚老和陈老的医学成果做过总结。那个年代老先生们都比较谦虚谨慎。虽然临床上经验丰富、学而有成，但不随意著述出版。医生多年的经验需总结才行，多年以后，我常常回忆起这两位老师。出于对两位先生的纪念和回报，把他们一生行医的学问整理出版，惠泽后人。

我跟随陈松龄先生学习也是从抄方开始，后来也与奚老在中医研究所和中医学会一起工作过。现在的名医是评级、评职称出来的，但那些老中医在民间都是有声望的、有影响的，很多人并不过多在意职称和级别，但是确实能妙手回春、医法精妙。

2004年清明前，我曾接到一个电话，是陈老早期诊治过的血液病人打来的。当年的小女孩现在已是一个新嫁娘，在父亲的陪同下，从外地赶到苏州，专程去陈老墓地祭拜，以了却多年的心愿。我想，一个医生做到这个份上，是可以以"大医"相称的。

回首我的从医历程，到2006年正式退休，我仍留在医院定期门诊。因为医生的职业是没有退休的，只要病人需要，就难以放下诊疗。吾生有涯，而学医无涯。

药香漫溢姑苏城

- 苏州的中药业主要集中在阊门外的山塘街一带。因为胥江沟通京杭大运河，所以南北货物在阊门自然形成了汇聚的中转集市。药材行也越聚越多，一些中成药店也星罗棋布，形成了众多的名牌老店，遍布大街小巷。

- 医药圈有句老话说，"先有诵芬堂，后有雷允上"。老苏州都知道这句俗语，其实它说的都是一家药店——雷允上。后面是堂号，前面是人名。因为人的名气大了，也就取代了堂号。雷允上与北京的同仁堂、杭州的胡庆余堂药店齐名，并称"中华三大国药店"。

- 一般能在家里个体开业的医生都是比较有水平的，口碑和名气都非常大。有些医生就在药店里坐堂，这种行医方式以前就有的，是历史沿袭下来的，基本上每个药店都有坐堂医。

潘 华老，在没有系统的中医院之前，以前的中医看病是怎样的一种方式？

华 一般医生都是自己开业，有名望的人会收学生一起做。当时苏州遍布诊所和药店，有五六十家老药店。一部分医生就是在药店里坐堂的。可以说，苏州的药店繁荣和中医发展密不可分。

苏州的中药业主要集中在阊门外的山塘街一带。因为胥江沟通京杭大运河，所以南北货物在阊门自然形成了汇聚的中转集市。药材行也越聚越多，一些中成药店也星罗棋布，形成了众多的名牌老店，遍布大街小巷。昔日的护龙街（现人民路）、景德路、临顿路和东、西中市路都有药铺集中。那时候，药店的装潢古色古香，门口招牌、匾额书卷气十足，铺内高高的曲尺柜台后是一排排的百眼橱。后场加工饮片或代客煎药，因此满街都能闻到药香。

山塘街是苏州中药行业中集批发、零售、祖传小肆等几个自然行业于一处的街区。民国年间有人统计过，有七家老药店排列成一线分布在街上。最东面的就是良宜堂，依次为保寿堂、宁远堂、人和堂、天和堂、天益堂、天生堂等。

我看过一个资料，到20世纪初，苏州城内城外共有数十家中药店。今天，在苏州的大街小巷，你还会经常看到许多悬挂某某堂的中西药店，有的还书写"乾隆始创"或者"道光始创"的字样。其实，要说苏州最早的医院，在北宋最早的城市碑刻地图《平江图》上就有了记载。在碑石的东南方位，有一座东西朝向的建筑，上面刻有"医院"两字。这是中国历史上最早以"医院"命名的医疗机构，它出现在苏州，和历史上吴医的发达有一定的关系，因为官办的医疗机构比民间医生诊所要出现得晚。虽然这家医院并不完全是医药机构，但起码是带有医治疗养性质的署所。因为苏州两千多年来的城市基本格局没变，所以按图索骥，我们今天可以

中药店药工称药

推断,这家最早的医院应该在十梓街中段,现在在苏州红十字会附近,巧的是,现在的红十字会和古代医院也有一些慈济的关联。

在旧时,药店和今天的行业管理一样,不是随便什么人都可以经营的。像宋元时期就不允许一般私家经营药材生意,但也有特例,据说苏州当时就有一家韩府药局,赫赫有名。原来,这家药店的创始人是韩琦,朝中大臣,也是著名的医生。张士诚曾经向韩家示好,但是韩家后人根本不买账。韩琦坚持隐逸民间行医济世,获得"中吴卢扁"的声誉。我在《吴门医派》一书里也提到过。

相比其他城市来说,苏州的药店要多一些。由于历史的原因,人们习惯提到"宁""沐""雷""童"四大老字号药店。

宁,就是宁远堂。说到苏州的中药店老字号时,我们不妨先看看清代乾隆年间的画家徐扬画的《姑苏繁华图》。这幅画可以和北宋张择端的《清明上河图》相媲美,让今天的人们可以感性地回到三百年前的世界。在《姑苏繁华图》上,山塘一带的街上有的店家挂出了"丸散""药材"字样的店招,不用说,那自然是一家老药店。我曾询问八九旬的老人,他们都会说,画上的式样和他们小时看到的宁远堂的样子十分相像。虽然没有证据能证明这就是某家药店,但是宁远堂留有古风,一直到现在。据说,宁远堂原创于古镇木渎,早在明代末年就开门迎客。它的店招最有特色,门口有名家所书的冲天长挂:宁远堂道地药材,宁远堂丸散膏丹。在店堂的屋檐下还有一个短挂,上书"本堂创始迄今已有二百余年,只此一家,并无分出"。根据店内老伙计回忆,当时药店里还有一个秤锤,用来称药材。秤锤和锤底还铸有"宁远""成""成丰"字样。这个秤锤是从木渎老店拿来的,可惜在"文革"时不知去向。这些资料在苏州的中药史上还能查得到。

潘 那么,其他几家老药店的历史如何呢?请再介绍一下。

华 沐,就是沐泰山,是由宁波商人沐尚玉在乾隆年间创办的药店。因为以"泰山"为商标,所以被称作"沐泰山"。泰山雄峻巍峨,给人以稳重和可靠的信任感,再加上沐家几世的苦心经营,沐泰山终于成为苏州四大著名药店的一员。

沐泰山在旧时应该属于比较会宣传和炒作的店了,它的一些营销理念在今天看来都不觉得落伍。比如,在店堂设计上,老辈人都记得,在药店正堂里有一块香樟木雕制的"泰山图",据说是店主花费了五百两银子请高超工匠制作的。在细节方面,沐泰山还会在店门口的永济亭里放置炒米、蓑衣、灯笼等便利济民设施,和今天的商场奉送服务伞有相同的作用(笑)。商家要的就是口碑。沐泰山的拿手招牌药是金匮鳖甲煎丸,是一味良药。每次制作这丸药时,都要郑重其事地对外宣布,并且选择一个良辰吉日在店堂门口当众杀鳖,吸引了大批行人和顾客围观。这一点上前些年做过人参鳖甲精的商人应该脸红,据说有的甲鱼池子里连一只鳖都没有,实在也太过分了。

道光八年(1828)冬天,阊门外曾经失火,火势凶猛,将渡僧桥附近连片的两百间房屋烧了个干干净净。但是,人们在清理收拾灾后残垣断壁的时候,发现了一个奇迹。原来有几间店铺在火舌掠过后屹立不倒,只损失了些店招。这家店就是在山塘附近颇有声名的沐泰山药店。店主高兴极了,他既庆幸自己没有遭受到大的损失,又觉得自己平日积德行善,现在有因果报应了。

聪明的店主也没有忘记借此为生意造势宣传。于是,沐泰山马上在门口悬挂出一口大秤,并告知四周百姓:"进货这把秤,销货这把秤,行善良心好,大火烧不倒。"一时间吸引了不少市民围观,引为奇谈。此举也为药店做了一个大大的广告。事实上,沐泰山之所以能在这场大火中幸免于难,主要是配置完备的风火墙和牢固的石库门,所以大火没有损害建筑根本。

雷,是雷允上。医药圈有句老话说,"先有诵芬堂,后有雷允上"。老苏州都知道这句俗语,其实它说的就是一家药店——雷允上诵芬堂。后面叫的是堂号,前面称呼的是人名。因为人的名气大了,也就取代了堂号。雷允上与北京的同仁堂、杭州的胡庆余堂药店齐名,并称"中华三大国药店"。

雷允上中医馆

    雷允上的创始人叫雷大升，字允上。早年熟读经书，但两次应试不第。后弃儒从医，拜苏州名医王晋三门下。大约是雍正十二年（1734），雷允上在苏州阊门内天库前周王庙弄口设立"诵芬堂中药铺"。精通医药的雷大升自己在诵芬堂悬壶设诊，成为当时有名的坐堂医生。他下方准确，待人热情，用药考究，疗效很高，不久就誉满苏州。更为独到的是，雷允上自己能亲司炉台，炼合丹药，积累出一套丸散膏丹的修合技术，后来都传给了子孙。

    1860年，太平军进驻苏州，雷氏子孙就逃难到了上海。后裔雷纯一为了生计，经人帮助，在上海创制了后来享誉海内外的六神丸。六神丸是用六味中药配比而成的，有解毒、镇痛、消炎、除肿的疗效。当时在上海，朋友间送礼不送别的，以送六神丸为时尚，可见这个药的普及程度。套用一句电视上放滥了的广告语就是：今年过节不收礼，收礼只收六神丸（笑）。

    一味药就能救活一个企业。于是，雷氏子孙重整河山，在上海和苏州就出现了两家雷允上药店。雷允上的六神丸药方属于保密级别，为此店里还专门制定了一个保管秘方的制度。一张处方上的六味药分别由不同的族房管，你不知找的，我不知你的。只有大家对到一起，才能合成一味六神丸。日本人侵占中国时期，有人就觊觎六神丸的秘方，但是因为雷家保管有方，秘方终未外泄，到了1956年，雷允上六神丸被列为国家级保密产品。

潘 这个确实太神奇了,可见中华医药的确是民族的瑰宝。

华 苏州的王鸿翥药店虽然是一家只有百余年历史的老店,但是由于它的特色是搜集历代古方、精选地道药材、认真炮制中药,所以在丸散制药领域有自己的一席之地。

王鸿翥药店的诞生十分有趣,有人说它是给气出来的。药店的创始人王庚云是光绪年间的外科名医。有一天,他自己得了内科的病,嘱咐家人去良利堂报方配药。好久也不见家人回来,王庚云等得很焦急。后来仆人回来说:良利堂生意太好了,店家态度十分傲慢。说要想快,那你东家就自己开药店吧!听了这话,王氏十分气愤,于是筹集资金,和几个朋友一起在良利堂附近开了一家"鸿翥堂"。

童,就是百年老店童葆春。它至今还生意兴隆,前身就是始创于光绪年间的童葆春,建店于道前街东。它有一个特色药品——全鹿丸,具有滋阴补阳的功效。为了做好这个全鹿丸,童葆春专门在店后设置了一个养鹿房。这当然也是做给顾客们看看,我们药铺里的东西是不虚的,全鹿丸用料讲究,是实实在在的真鹿。这还不算,店家往往还做足文章,请来堂会班子唱戏,张灯结彩,吹打三天,邀请周围乡邻顾客免费观看,以此宣传药品。

这人际的口碑虽然没有现代传播的面广,可是效果还是灵验的。大家一传十,十传百,就把童葆春的好名声传遍了苏州城。

苏州的知名老药店实在太多了,相关的故事说不完。不过,能够绵延两三百年不衰,除了服务、包装、信誉外,最主要的是,每家店都有自己的看家本领,有自己特色的饮片和成药,打响了牌子。

潘 说起苏州的中药店,确实故事很多。那么,以前老的中医诊所是怎样营业的呢?

华 一般有水平的医生就是个体开业,在自己家里看病。和规模庞大的药店不一样,中医看病很简单,一个板凳、一张桌子,号个脉就可以了,抓药就凭处方去药房。一般能在家里个体开业的医生都是有水平的,口碑和名气都很大。有些医生就在药店里坐堂,这种行医方式今天仍然保留着,是历史沿袭下来的,基本上每个药店都有坐堂医。现在开药店也希望有坐堂医,因为可以吸引病人方便治疗。现在的医生太忙了,总量不多。苏州中医医院退休的医生就这么多,有的还在医院里做,甚至有的医生周一忙到周日。

苏州人还是很认可中医的。苏州是吴门医派、吴中医学的发祥地。历史上人们说"三吴",一般指"上吴、吴中、吴下",吴中就是苏州及周边这个区域,是最发达的。中医发达也是有这个文化背景的,中医是人文医学。现在人们对病的概念认识不多,一般要在病发生以后才知道这是病,感到痛了以后才认识病。在疾病暴发之前,在病痛开始之前的很长一段时间里,人都没有理会它,其实身体早就失去了平衡,出现了状况。中医尤其尊重人的身体机体,知道怎么来养护它,从而避免一些疾病的发生。

退休后,我在吴江同里也有半天门诊,坚持做了十多年。吴江同里文化氛围比较好,老百姓信仰中医的程度很高,所以那里找中医看病的病人很多。在北方某些地区,对中医的认同可能不会这么高。我一直认为,中医知识理念都在老百姓的生活中。苏州人连买菜都知道什么菜是寒凉性的还是火气大的,什么应该吃,什么要少吃,都是有把握的。

现在把医学与人文分开,这是不适当的。有的学生学不好中医,就是把医学和人文割裂开了。医科大学招生的类别就应该是文科,不应是理科。学中医就应该是语文比较好的、古典文化有基础的其本身对传统文化有兴趣的才去报考。如有这三个偏差,中医是难以学好的。有人看古籍很头痛,因为古籍都是繁体字且没有句读。如果把中医当成西医去学,就很难成为一个好中医。

读书的人、有文化的人都会懂一些中医。古人讲,"大儒通医""十儒九医",是有道理的。人们在读传统文化的书籍时会涉及《黄帝内经》和《伤寒论》这一类医书。一个真正的读书人都会读到这些书,有些对中医感兴趣的最后就成医生了,就是"儒医"。薛生白就是儒医。

潘 是的,他还写过《一瓢诗话》,文采很好。

华 对啊,古代的诗人、画家有的就通医。比如,近代的章太炎就懂中医,他为在监狱里的邹容开过药方,曲园主人俞樾也懂医。古代的文学作品里都能看到中医中药的描述,如《红楼梦》《聊斋志异》等,说明这些作者也知医懂药。下次,我们专门来谈谈历史上的知名中医。

话吴医源流　说吴门名医

- 如果说起吴医概念的话，那要从宋元说起。有这样一句话："儒之门户分于宋，医之门户分于金元"。医为儒者之事，儒以不知医为耻。因为在古代中国，一个人不习儒业，恐怕难入医路。

- 我们现在谈到的吴门医派温病学说都是从明清时候开始的。明清时期，吴中地区经济繁荣，文化发达，文明水平高，就有很多医生出现。

- 数百年来苏州出现了许多著名医家，形成了独具特色的地方医学流派。吴门医派在中国医学史上占有一席之地，其中温病学派的问世是吴中医学发展的必然，这最终成为一份恩泽后人的历史文化遗产。

潘 华老,我们想系统地聊聊吴门医派的源流和中间出现的一些著名医生,这样大家会对整个吴医的发展脉络有一个清晰的概念。

华 好的。苏州地方医学的萌芽是很早的,春秋战国时期就有。我认为中医的发生是传统文化发展过程中的一部分,不能割裂地、孤立地看待这个问题。早在周代的时候就有职业的医生了。后来,面对不同的疾病医生就有了分科。苏州地方文明起源早、起点高,很早就出现了职业医生活动。

如果说起吴医概念的话,那要从宋元说起,有这样一句话:"儒之门户分于宋,医之门户分于金元"。在范仲淹之后,宋代的大儒多能通医。医为儒者之事,儒以不知医为耻,因为在古代中国,一个人不习儒业,恐怕难入医路。自金元时期刘元素的寒凉派、张子和的攻下派、李东垣的补土派与朱丹溪的滋阴派的问世,他们各有专长,引起百家争鸣。当时学术流派纷呈,施治方药已不再囿于经方的本来面目。医学发展是以疾病为变化、以实践为依据的,所以中医学才能推广与流传。

如果追溯源流的话,吴地(广义的大概念,不限于苏州一地)的医学应该从上面提到的浙江朱丹溪开始。比较早提出吴门医派概念的,学术界公认的是明中叶的杨循吉,他在《苏谈》中记载了浙江浦江名医戴思恭行医事迹。戴思恭师从朱丹溪来吴行医,是吴医形成的引导者。吴中有个王仲光,跟随戴思恭学医,苦读《内经·素问》,深研医理,甚至不惜到老师那里偷艺,后来成为吴中一代名医。"丁是仲光之医名吴下,吴下之医由是盛矣。"(《苏谈》)

那么,吴医历史上有两位明代医生也有必要介绍一下。

其中一位就是在画史和医史上跨界的奇人王履,因为只有他才配在杏林与艺林享有盛誉。后人在评述王履时说他医术和画艺各有千秋。画史上说他是杰出画家。王履字安道，号畸叟，是苏州府昆山县人。兼工诗文书画，山水画师法马远和夏圭，主张从真山真水中吸取素材，现在分别收藏于故宫博物院和上海博物馆的《华山图》是其唯一传世杰作。事实上，医生王履之所以凭一卷四十幅的《华山图》在中国山水画史上留下名字，拥有不可动摇的地位，主要因为他开创了一派以自然为师的绘画理论。他的"吾师心，心师目，目师华山"已成为今天的山水画家学习的不二法门。现代画家傅抱石就对王履推崇备至。

中医史上是这样记载的：王履又号抱独老人，元末明初的医学家，他博通群籍，深研医道，先后编撰《医经溯洄集》21卷、《医韵统》100卷、《百病钩玄》20卷。王履在吴医发展上的最大贡献是明确提出了"温病不得混称伤寒"的观点，澄清了当时关于温病、伤寒的模糊看法，认为温病与伤寒是不同的两类疾病，在治法上则应"治以辛凉苦寒"，有异于伤寒的"辛温解表"，使温病在名称和治法上摆脱了伤寒的羁绊。自此，温病学走上了独立发展的道路。王履一生著述较多，但今天我们只能看到《医经溯洄集》一书。由书传人，这位画家兼医生作为温病学说的先驱者而名留青史。

那么，说到这，我想起了《绘事杂录》上还记述了王履的一个小故事。明洪武年初，王履已年逾半百。他在当时的吴中一带行医，名气响亮。工诗善画兼通医的他颇有些自得，甚至自谓医术天下无双。这时候，他听说陕西关中一带有一位名医，水平不在他之下。于是，王履毅然买舟西上，来到陕西。就像后来的才子唐寅点秋香一样，这位江南名医居然化装成一个用人，甘做这位陕西医生的仆人，为他端药磨粉。就这样过了一阵子，也没有露出马脚。有一天，那位医生开药方时，有一味药的剂量下错了，王履实在忍不住，插了一句话。名医当时十分惊讶，说："你不会就是江南名医王安道吧？"故事真伪且不说，但从中可见王履对医术的追求真是精益求精。

还有一位名医就是吴有性。崇祯年间，包括苏州在内的不少地方暴发了一场十分严重的瘟疫，死人无数。这时候，"救命神医"吴有性飘然问世，救民于危难之中。

吴有性，字又可，吴县洞庭东山人。他目睹疫病流行的凄惨景象，深感自己的责任重大，决心放弃科举，绝意仕途，走上了医学研究的道路。他怀着极大的热情，置个人安危于不顾，深入疫区，登门串户，调查疫情，观察症状，记录病情，然后进行分析研究，总结出了治疗瘟疫的经验。后来，他在此基础上写出了《瘟疫论》一书，对瘟疫的预防和治疗做出了重大的贡献。

他提出"瘟疫之为病，非风、非寒、非暑、非湿，乃天地间别有一种异气所感"，即另有一种致病物质"戾气"，是造成传染病的主要因素。感受不同"戾气"会产生不同的病症，并且他已经观察到某种"戾气"会侵入某种脏器组织。《瘟疫论》书中记载了与鼠疫、白喉、天花、麻风、梅毒、肺结核、流行性脑炎等相似的传染性疾病。在疫病传染途径上，他明确指出"邪从口鼻而入"，可通过空气飞沫或同病人接触传染。在疫病的流行特点上他已注意到散发性和大流行的区别和联系，并有很多合理的治疗原则和方法。

吴有性在传染病学方面的卓越贡献开创了中医传染病学的研究。《瘟疫论》一书是我国最早研究瘟疫的专著。他提出的"戾气学说"为吴中温病学派的崛起奠定了基础。《瘟疫论》成书不到两年就有印本刊行，之后各种版本不断问世。康熙年间，日本医家也翻刻了这部著作，流传海外。

真正以"吴医"名传天下的应该是清乾嘉年间的名医唐大烈。他仿照康熙年间过绎之《吴中医案》的方法，将苏州地区的三十一位医家的医论杂著汇编成《吴医汇讲》十一卷，刊刻印行，从此"吴医"名称盛行于世。数百年来苏州出现了许多著名医家，形成了独具特色的地方医学流派。吴门医派在中国医学史上占有一席之地，其中的温病学派的问世，我个人认为是吴中医学发展的必然，这最终成为一份恩泽后人的历史文化遗产。

潘 华老，十多年前，我就读过您的《吴门医派》一书，印象最深的是，您在书里提到了历史上苏州中医的特点是儒医多、世医多和御医多。能具体给我们介绍一下吗？

华 这仅是对吴门医派的学习和总结，一家之言吧。儒医多，这里主要介绍一位徐灵胎。世医，是指苏州地区有很多家族累世为医，家传几代，如郑氏妇科、闵氏伤科、金氏儿科、尤氏针灸等，有机会在后文分别介绍。御医多，是由于吴门医学整体发达，名医辈出，那么其中的佼佼者自然就被朝廷重视，征召入宫，成为王公大臣的御用医生，它从一个侧面反映了苏州地区中医技艺的高超。

先来聊聊清代名医徐灵胎。徐灵胎只是他在医界的名字，可是如果要是提起徐大椿的话，那可是名跨医界和学界，他著述颇丰，是中医学"伤寒派"的重要代表人物。

徐氏本是吴江望族,曾祖徐韫奇曾经参与编撰《明史》。到了徐灵胎一代,家庭连遭变故,他的三个弟弟先后病故。一直在旁手配药剂、听讲医理的徐灵胎也渐通医义。本来就精通儒学的他开始阅读祖父留下的几十卷医书。从此,徐灵胎淡泊名利,成为有清医学史上的名世鸿儒。徐灵胎与吴中名医叶天士、薛生白、尤怡等都是同时期的友人。尤怡更是他的契友,他们在交往中互相尊重,切磋学问。徐灵胎先后为尤怡所著撰的《金匮心典》与《医学读书志》两书作序。徐灵胎自己也写诗文,尤其擅长道情。今天流传下来的就有讽喻读书人死读书的道情。这种歌唱小令在清代十分流行,有人说徐灵胎的道情和郑板桥齐名。

在徐灵胎的友朋交往中,有朝官重臣,有名儒学人。著名诗人袁枚就是徐灵胎的好友,他曾两次造访徐灵胎。或许是长期的案牍劳形,袁枚的左臂忽然缩弯,不能伸展。他请遍了江宁周边的医生,服用了几十服汤剂,却依然不能奏效。这时候,他想起了一直和自己许多朋友诗酒往来的徐灵胎。袁枚既知道徐灵胎的文名,更听说了他的医术。

提起徐灵胎,苏州一带留下了他不少的传说。至今你到越溪一带问起上了年纪的老人,他们都能说出一些故事来。民间百姓把二百多年前隐居七子山画眉泉的徐灵胎亲切地称为"会看病的阿爹"。

据袁枚回忆,他与徐灵胎从未谋面,为了治疗臂疾专程造访。当他把名刺递到画眉泉徐灵胎的书斋里去的时候,从里面走出一个身材魁梧、须髯满面而且声如洪钟的奇人,他就是徐灵胎。袁枚在徐灵胎的半松书屋盘桓了三五天,两人促膝长谈于松荫之下,饭后茶话于室侧白云之巅。最后,徐灵胎送别袁枚到河边船上,从衣袋里取出一丸药给袁枚,嘱咐他回到南京小仓山房服用。果然,一丸入口,袁枚的胳膊就痊愈了。

因为徐灵胎的医名太响,1771年,乾隆皇帝一纸诏书把徐灵胎召至京城给重臣看病。那一年,徐灵胎已年近八十,而且自身疾病缠身。圣命难违,徐灵胎自知此去京师将回不去了,于是他干脆从家乡带了一具棺材,这也是在告诉皇上,自己老时,还想托棺南还。进京后,徐灵胎还给自己拟写了一副墓联:满山芳草仙人药,一径清风处士坟。落笔三天后,徐灵胎和身边朋友从容议论生死阴阳之理,当夜谈笑而逝。徐灵胎的愿望得到了皇帝的恩准,第二年十月,徐灵胎的棺木被暂厝于吴县越来溪畔,可以遥望他的画眉泉。徐灵胎是吴江人,最终迁葬故乡八圻镇,墓前就是那副对联,我曾经去拜谒过。袁枚撰写了一篇《徐灵胎传》,怀念老友。后

与同道探寻画眉泉徐灵胎隐居地，左一为华润龄

拜谒徐灵胎墓，左一为华润龄

徐灵胎隐居地摩崖石刻

来，徐灵胎的儿子还拜在袁枚门下，成为随园弟子。

潘 徐灵胎和袁枚的交往确实是一个传奇。说徐灵胎是儒医隐士，也可以说他是一个御医。当然，苏州的御医还是比较多的。

华 比较多，后世传说多的就是曹沧洲。古城西美巷还有他的纪念祠堂，供人参观。曹沧洲（1850—1924），清末吴县人，名元恒，字智涵，晚号兰雪老人，又号兰叟。家居苏州阊门内西街，世传七代，以内外科著称。曹沧洲精于内科，医道大行。他家学渊源，幼承庭训，精研轩岐灵素，善于师法清代江浙名医叶天士、薛生白、吴鞠通、王孟英诸家，对治疗温病有丰富经验。

清光绪三十二年（1906），曹沧洲与青浦名医陈莲舫同应征召，给光绪皇帝看病。到了北京，两人一起会诊，发现光绪皇帝因为操持过度，情绪抑郁，肾虚肝郁，脾虚湿热，呈现头晕耳鸣、脘腹满闷、大便不调等症状。现代医学观点就是抑郁症、高血压加上胃肠功能失调等综合毛病。曹沧洲不敢懈怠，认真诊治，病理机法，有理有据，方药调剂，必有出处。经过调养，光绪帝的病有所缓解。但是，善于观察世事的曹沧洲知道，当时的光绪皇帝身心已经衰竭，再好的医生也救不了他了。所以，在侍候光绪两年后，他借故称病返回姑苏。果然，那年冬天，光绪就驾崩了。

因为曹沧洲治病辨证严谨、药方细到、药效灵验，所以他在苏州民间很有威信。尽管当时西医已经传入中国，但苏州市民还是信曹老爷的方子，许多人不惜早晚排着长队候诊。老百姓甚至说，轮不到瞧病，即使是到曹家的门槛上坐一坐，也能治病。这多少有些迷信，但是它的确反映了民间百姓对良医的信任和企盼。

曹沧洲名气大了，不少商人也就看中了他的御医效应。苏州观前街上有家采芝斋糖果店，那是一家有百余年历史的老字号。他家的粽子糖有说就是曹沧洲带到北京成为"贡糖"的。据说，当年慈禧太后有病，经宫内太医久治无效，正巧曹沧洲进京为光绪皇帝看病，于是就专门给老佛爷把脉了。因为皇家的人饮食太好，消化不良，很多御医都不敢乱用药。曹沧洲诊脉后，略一沉思，就给开了一副神药，药到病除。当时老佛爷很高兴，就赏了他一个红顶子。其实那药方也没什么神奇的，就是三钱萝卜籽。因为萝卜籽有顺气助消化功能。因此，民间有"三钱萝卜籽换了一个红顶子"的说法。

潘 呵呵，这个故事很多人都知道。我在当记者的时候，有一年到曹沧洲祠堂采访，隔壁一个老太太80岁了，小时曾经和她妈妈一起到曹家看病。她说曹沧洲坐在大厅里，身旁全是学生，站成一排。每看一个病例，都会念诵脉案。曹沧洲的嗓门很大，为的是让学生们都能听见。老太太清楚地记得，当时曹沧洲大声喊了一句"钱八"。才四五岁的她一直也没有搞懂"钱八"是什么意思，后来分析，可能是某味药的分量是一钱八分。

华 这个有意思，很生动。在中国传统的君主体制下，皇帝位居九五，是国家的象征。用医术为帝王服务，也是儒家维护皇权不可或缺的一个方面。作为儒医，更是责无旁贷的事。人们都说，吴中自古多名医。医生的名气大了，自然传到朝廷，往往皇帝下旨征召或者被地方官员举荐入朝，成为服务京师的皇家御医。明清以来，到北京为王公大臣治病的医生有记载的大约就有70多位。

潘 您前面提到了吴门医派的形成，尤其提到了温病学说的出现，这个是不是我们吴门医派的重要特征？

华 我们现在谈到的吴门医派温病学说都是从明清时候开始形成的。明清时期，吴中地区的经济稳定、文化发达、文明水平高，就有很多医生出现。发达的社会和人口的集中对医学发展有更大需求，这段时间的中医医学发展确实很快。医生对医学的研究和思考都是在疾病的发生后开始的。

明清两代，温热病也很多。当时的医疗水平和现在是无法相提并论的。发热性疾病的病变很快，变化也很多。对一些发热性疾病的治疗，就要医生有相当高的水平来应对。明清时期自然灾害比较多，容易导致瘟疫的产生，发热性疾病对人类的威胁也很大。

苏州人对温热病的认识是在明代早期。为什么要强调温热病呢？文明的传播都是从中原地区流向东南地区，医学传播也不例外。北方中原就是以张仲景的《伤寒论》作为经典的遵循模本。伤寒论到温热病的变化有一个过程。在实践中，吴地医生发现，伤寒论的认识不能适应江南地区温热病发生的情况。江浙一带因瘟疫传播而死亡的人很多，于是医生就开始思考和研究。在这个前提下，慢慢地研究出与伤寒论不同的对疾病的认识，就是我们后期知道的温病。这是有传播性的一种瘟疫病。明初的王履开始提出伤寒与温病有所不同的见解。因为文化背景的问题，他的理论与张仲景的经典医学思想不合，有离经叛道之嫌。可见当时背景下医学观念还是封闭和落后的，并没有得到太多的关注和反响。到明末时期，吴有性面对的是瘟疫的广泛传播与流行，瘟疫传播得很快，当时有所谓的"十巷九空"的记载。在这样的情况下，他到每个生病的人家去，到每个发病的地方去，与病人接触，记载了病人发病的过程以及发病的症状然后研究。他提出了伤寒以外的另外一种戾气。戾气对人体的干扰让人发现了一个新的病种产生。因此，吴有性将看过的病以及研究的方法记录下来，才有了《瘟疫论》。

到了清代，医学的发展逐渐顺应了客观的变化。吴中地区的医生更加注重温病的研究。康乾时期的代表人物就是叶天士。他是一个完全在临床上接触病人的医生。他有名望和实践经验，容易接受新发现和新思想，在学医的时候就跟随过17位医生。他知识的融合程度、对学识的见解能将这些医生的经验融合在一起。叶天士的临床经验很丰富，所以找他看病的人很多，他一天到晚在看病人，这样一来和其他有空闲时间就读书写诗的人不同。叶天士不读闲书，所以能接触大量的病人，使临床经验更加丰富，对疾病有更加客观的看法。他的经验和思想就留存在《温热论》之中，是由他的弟子总结编著的。

清代中期的社会发展很快，医生也很多，温病一类的临床经验更广泛、更丰富。这时候，另外一个和叶天士齐名的医生薛生白出现了。他结合江南地区的气候和环境以及人体自身的状况，主张温热病中皆有湿，从而导致的疾病就是湿热病。温热病是发热的一类疾病，其中一部分还有湿，就是湿热病。他留下的《湿热病篇》就是对这个病的研究总结。湿热病是包含在温热病里的,经过薛生白的提炼,更加详细地记载下来。《湿热病篇》的文字并不多,是条款式的,把病人的症状从发病开始到后来的变化以及治疗的方法和方药都记得明明白白,共四五十条,非常有价值。

有了叶天士和薛生白这些代表人物,就把温病学派比较完善地表达出来了。吴中地区的医生就沿着叶和薛的路径继续发展,大量开展临床和研究,不断总结经验。很多人到后来就成了享有盛名的医家,如缪遵义、周扬俊、邵登瀛等。同时,也有好多记述温热病的书籍刊印,经验和成果被固化下来。明清时代,苏州的医学古籍流传较多,各个时期的刻本都有。这些都是吴门中医药学研究的宝贵财富。

潘 那么吴门医派从明清形成后,除了有温热病的诊治以外,还有其他的治疗方式和手段吗?

华 在明清时期,地域上的医学流派初步形成,有这么多医家,有特色的温热病理论,才逐渐成为名扬天下的流派。后世的医生根据前辈先贤的理论和经验来对付发热性疾病,发热病对人类健康威胁很大,有时难以把控。温热病的治疗是考

《吴门医派》书影

验医生的试金石,对温热病的治疗能力也体现了中医的水平。

  吴门医派温病学说盛名于后世,吴门医派的医家对发热病以外的杂病也曾关注过,也有研究。当时疑难性的杂症有"风""痨""臌""膈"等。"风病"就是中风,或关节痛;"痨病",包括肺结核病和其他的劳瘵;"臌病"就是臌胀,包括腹水等,如肝硬化、血吸虫病等腹部臌胀的病;"膈病"就是噎膈,如胃癌、食道癌等。当时也有医生看这些病,但是温热病始终是吴门医派医生的主要研究方向和诊疗内容。

  温病学派是一个比较稳定的医学流派。晚近以来,温病优势逐渐式微,因为现在的发热病西医西药的抗生素可以控制好了,也难看到发热病请中医来看。目前感冒发烧都送到医院挂水。以前西医尚不推行的时候,老百姓都是请中医看的。

潘 在西医推广之前,得了急性的病,中医用什么方法降温呢?

华 感染性发热性疾病当时就是靠中医来治疗。一般多用汤剂,也有退热的急救措施,比如安宫牛黄丸、紫雪丹等。这些中成药是可以给病人立即服用的。温热病也有急症用药的方法,当时的医疗条件没有现在这么好。所以我们说中医好,也要实事求是,放到一定的时空里去讨论。

  到了明代以后,西学东渐,西方传教士进入中国以后首先传播了两个方面的文化:一方面是传教布道,还一个就是西方医药。西医对中国人的影响是很大的,是随同西方科学理念一同进入中国的。因为有这些影响,中医也自然随之发生了变化。

  清代以后,中医除了看发热病,也看杂病。到了民国期间就又分流了。比如说,苏州医生在20世纪三四十年代的时候,一部分医家是看发热病的,是以伤寒症为主体的发热病。除此之外,也会接触其他方面的杂病,尤其是"风、痨、臌、膈"四大难题,还有其他的现代病,如胃病、头痛病、头晕症等,从这里分流出来。民国时,看杂病比较有名的医家比如顾允若[①],他是我老师陈松龄的先生。

  陈松龄先生20世纪30年代入读苏州国医专门学校。陈先生在专门学校毕业以后就到顾允若那里实习,所以他对杂病有过较多的接触,也有过系统性研究,

---

[①] 顾允若:清末民初时期苏州专科特色的名医,在七子山一带开诊治病,精擅内科,专治风痨、膨胀等疑难杂病。

因此后来对《金匮要略》研究比较深刻。

民国以后,也有提出有条件的中医学西医。中医诊疗也会用一些西医的方法。当时中西汇通的想法在上海出现比较早。著名老中医恽铁樵①先生就主张中西汇通,对苏州的影响较大,但苏州中医仍然保持了自己的本色。

---

① 恽铁樵:中医学家。早年从事编译工作,后弃文业医。从事内科、儿科,对儿科尤为擅长。创办铁樵中医函授学校,致力于理论、临床研究和人才培养。

民间附会的踏雪与扫叶

- 据说范仲淹在未中举前曾到庙里祷告:不为良相,即为良医。结果,他没有机会成为医生,但是做到了相当于副宰相的官。
- 一个医生做到了有专用码头的份上,他的医名自然不用多说。叶天士在江南享有盛名和数不清的民间传说也就不足为奇了。
- 薛生白曾经把《素问》《灵枢》《伤寒论》《金匮要略》等书熟读后,重新梳理,删繁就简,去伪存真,新著《医经原旨》,使古代医经更具有实用性,对实践上的望闻问切更有指导意义。
- 叶天士在前人的基础上提出了温病学说,总结了一整套的以「卫气营血」为代表的治疗理论,他阐述了温病由浅层到深层转变的一般规律。

潘 华老,这一节我们专门利用一点时间来讨论一下苏州比较有代表性的两个名医:叶天士和薛生白。据说范仲淹在未中举前曾到庙里祷告:不为良相,即为良医。结果,他没有机会成为医生,但是做到了相当于副宰相的职位。咱们前几次也聊过,济世救人是古代读书人的最高理想。那么,说起清代苏州名医,尤其是吴门医派里温热病研究的代表人物,叶天士和薛生白是绕不过去的。他们两位不仅在当时,即使放在今天,都是闻名于世的良医。关于他们,在坊巷里至今还流传着很多有趣的医事。我们今天带着几分八卦,轻松地谈谈两个人的医疗趣闻,好不好?

华 好啊。不过,我们做医生的更看重的是他们的学术贡献,而不是什么逸闻趣事。但是,因为民间百姓对他们十分推崇,近乎到了神的地步,叶天士在天平山后山就有庙宇供奉,也反映了民间百姓对救死扶伤医家的尊重与信仰。

先来说两个关于江南名医叶天士[①]的治病传奇。

一个案例是治疗一个得了怪病的大家小姐。因为受到了惊吓,她的两只手举到空中放不下来。叶天士的治疗方法是:把这位小姐安排到一个公共场合,声称能立即治好她的病。只见这叶医生一不把脉、二不看舌,而是手持一把剪刀,咔嚓一下子剪断了小姐的裙带。只听一声尖叫,小姐下意识地把双手放下来,紧紧地护住裙子。

第二个故事就简单了。一个难产的孕妇来找叶天士看病,叶随手丢了一把豆

---

① 叶天士(1667—1746),江苏吴县(今苏州)人,名桂,号香岩,别号南阳先生,清代著名医学家,四大温病学家之一。主要医学著作有《温热论》《临证指南医案》《未刻本叶氏医案》等。

子在地上，叫她把它捡起来。孕妇照要求做了，起身果然觉得身体舒畅了。原来，叶天士发现她的胎位不正，捡豆子正好是最合适的孕妇体操。

其实，像这样关于叶天士的传说还有很多。在清代《吴县志》《清稗类钞》等志书笔记中多有记载。苏州的老百姓也喜欢传播他的故事，状元石蕴玉甚至把他比做今世的扁鹊。正因为叶的名气太响，以至于有关他的传说多有添油加醋的嫌疑。

潘 这两个故事让我觉得，医生不靠药也能治病，而且有时手段还有点流氓（笑）。

华 叶天士的故居现在是文物控保建筑，在今天的阊门外渡僧桥下塘。那是一所十分残破的老房子，曾经做过药材公司仓库，大部分散落为民居。现在我们来到这些名人故居，仅仅是凭吊怀旧而已，只是个符号了。因为已经找不出任何与当年主

叶天士故居

叶天士像

人有关系的生活遗迹了。不过叶天士故居规模还是很大的,可见当年的医生还是很有财力和影响力的。

当年我曾经去踏勘过,在叶氏故居的对面有一条叫水叶家弄的小巷,得名据说与叶氏有关。这条小巷的东段有个水码头直通运河。有人说这是叶天士的私人专用埠头,一方面是为了乘船出诊,一方面是为了运送药材和货物。当时叶家附近还有几家经营南北药材的药行。

一个医生做到了有专用码头的份上,他的医名自然不用多说。叶天士在江南享有盛名和数不清的民间传说也就不足为奇了。

很多人知道叶天士,还和一个逸闻有关,那就是他的书房踏雪斋的由来。《红楼梦》里门子曾经给贾雨村一道护官符,上面有:"丰年好大雪,珍珠如土金如铁"一句。这"雪"说的就是薛家。巧的是,有人从叶天士的踏雪斋里找到了另外一位姓薛的苏州名医的影子,他就是比叶天士小几岁的薛雪。[①] 而他们的依据就是薛生白的住所叫扫叶庄。

潘 一个是踏雪,一个要扫叶。难道儒医也秉承了文士相轻的传统,还是同行只能做冤家,不能成为朋友?这个是不是后人附会的?

华 也许有这个可能。不过薛生白确实是一位儒医。他家居苏州南园俞家桥,住处花竹林泉,落叶封径。据说门首上有副对联:"九重天子垂青问,一榻先生卧白云",一看便有月明林下的高士之志。不过,今天你到南园再也见不到任何薛氏的故址了。

薛生白不像叶天士那样留下传说无数,但他的医话也一样神奇。薛生白学养深厚,娴习医典。他曾经把《素问》《灵枢》《伤寒论》《金匮要略》等书熟读后,重新梳理,删繁就简,去伪存真,新著《医经原旨》,使古代医经更具有实用性,对实践上的望问闻切更有指导意义。

有意思的是,薛生白和叶天士也同出于吴中名医王子接师门,而薛生白还对当时的著名诗人叶燮执弟子礼。叶天士的诗名不传,更多精力都放在临床医疗上;而薛生白不但诗文频作,还画得一手好墨兰。因此,同时代人评价说:"二君皆聪明好学,论人工则薛不如叶,天分则叶不如薛。"

[①] 薛雪(1661—1750),字生白,号一瓢,又号槐云道人、磨剑道人,江苏吴县(今苏州)人。早年游于名儒叶燮门下,后致力于医学。著有《湿热条辨》《医经原旨》《伤科方》《薛一瓢疟论》等。

《一瓢诗话》书影

咱们前面提到的大诗人袁枚是一个和苏州医生有着不解缘分的文人。他不但和徐灵胎一见如故、相交默契,而且和薛生白也是很好的朋友。

潘 常和文士交往,这也反证了苏州医生的文化修养之高。

华 是的。叶天士的传说都流传在民间百姓的口头上,而薛生白的故事则记录在袁枚的笔下。

《随园诗话》里曾经讲述了这样一个传奇:有一次,袁枚的厨师得了重病,正将厨师准备掩棺之时,薛生白来了。当时天色已晚,薛生白叫随从掌烛。在灯下,他看了看病人的脸,笑着说:"人已经死了。不过,我这个人就喜欢和鬼神争功,让我试试吧。"

薛生白从药箱里拿出了一粒药丸,用石菖蒲汁调和,叫身旁的轿夫撬开病人的牙齿,把药汁灌进去。当时这位厨师已经闭目气绝,说也奇怪,药汁下去不久,就听见病人喉中汩汩有声。到了天亮时,病人就能说话了。你说薛生白的医术是不是能通鬼神了?

潘 那么,老百姓说叶和薛彼此关系不好,有依据吗?

华 民间盛传叶薛不睦,大概的意思无非是说,两人在医术上互争高下,不能相容。流传最广的一个版本是这样的：苏州城里有两个人打赌吃油炸的馓子，得胜方一时性起，把几十份馓子一口气全吃下去了，撑得要死，感觉痰涌不适，急忙找名医叶天士。叶天士看后说已经无药可救了。病人又赶忙来到薛生白那里，结果得到同一答复。家属痛哭请求薛医生帮忙，薛忽然问起，有没有请别的医生看过？家属说请叶大夫看过，和您说的一样。薛生白想了一想，说如果是这样的话，那么就留下来试试。不一会，薛生白从内室端出一碗纯白的药汤，给病人服下。然后又给了他一个黑色药丸。之后，病人肚子响若雷鸣，大泻而愈！

后来，此事传到了叶天士的耳朵里。他说，我怎么会不知道这个方法，只是不情愿治疗而已。因为病人过食不化，应该用消导的方法。但病人可能会不胜药力，必须先让病人服人参来加固元气，然后才奏效。考虑到病人家里穷买不起人参，所以对病人说自己无能为力。

原来，薛生白为治病，自己先贴了一碗参汤给病人。

最早记载叶、薛不睦的是清代陆以湉的《冷庐医话》。但是研究苏州医史多年的金庆江先生不这样认为，他搜集叶天士资料多年，都说叶家只有种福堂和眉寿堂两个堂号，没有在别的著作中发现踏雪斋的记载。他分析叶可能行止有直率之处，在看病开方中可能无意开隙于薛生白，可自己还不知道呢。

潘 我们不能从这个后人附会的故事来品评二人医德的高下，因为叶天士也曾多次舍药救人性命。同行相轻，有人据此附会叶、薛两人互有芥蒂，踏雪与扫叶也就有了所谓的根据，不过是茶余饭后的谈资罢了。

华 其实，这两个人最大贡献是对温热理论的巩固和深化。比如，2003年春天，中国暴发了非典型性肺炎。相比较其他普通疾病，它的死亡率颇高。更为可怕的是，医学界还不能马上找到一个预防和根治的办法。这种疾病在旧时就属于瘟疫了。历史上的每次瘟疫流行都会夺走成千上万人的生命。从汉代起，张仲景就提出了伤寒杂病的诊治办法，但对温热病还没有确切的治疗手段。

著名医书《伤寒论》里也提到了"发热而渴，不恶寒者，为温病"，书中记载了397法，113方是治疗伤寒病的，但是由于版本缺失，对温病有证无方。后世医生照着伤寒来治疗温病，简直南辕北辙，杀人无数。

吴中医派发展到叶天士时代，历史的遗憾终于被填补了。叶天士在前人的基础上提出了温病学说，总结了一整套的以"卫气营血"为代表的治疗理论，它阐述了温病由浅层到深层转变的一般规律。并创制了验之有效的治方，完善了温病学说，为吴门医派增添光彩。

中国医学史上这样评价叶天士温病学说的价值：温病学说从病因、病机到辨证施治有了较完整的理论体系，成为一门与伤寒并列的专门学说。可以这样说，在中医发展史上，叶天士是能够与张仲景比肩的为数不多的人物之一。

薛生白在中医史上也颇有建树。他沿着温病研究的路前行，开创了湿病学说。薛生白把得病的根源与江南一带地气湿溽相联系，并从经络学上区分了湿热与温热。于是，后人又把《湿热论》作为《温热论》的姊妹篇。

有人把叶天士比做时医，把薛生白看成儒医。我觉得，即使叶是时医，也不是那种以医为谋利手段的俗医，而是把中医当作事业和生命看待的圣医。叶家几世为医，祖父、父亲都有盛誉，后世子孙中也有不少人继承医业。不少托名叶天士的医书都是他的后代门人编纂的，当然也有不少伪书。

做了一辈子医生，八十岁的叶天士在临终时对子孙的遗言倒也颇让人回味："医可为而不可为，必天资敏悟，又读万卷书，而后可借术以济世。不然，鲜有不杀人者，是以药饵为刀刃也。吾死，子孙慎勿轻言医。"

潘 听了这段话，真让人有大彻大悟的凄凉。一代名医，临终遗言居然是让子孙不要轻易学医，因为医生用药饵杀人。或许，这也是现代中医为世所诟病的原因之一，也是鲁迅对中医偏见的由来。我们看到的是智者顶峰的孤独与高处的寒意。苏东坡说："唯愿吾儿愚且鲁，无灾无难到公卿。"因为，他说他被聪明误了一生。

华 但是，中医的博大与精深又太需要现代人去理解与领悟了，现在不是批判与扼杀的时候。在没有继承的前提下，所有的浅薄批驳都显得十分可笑。这也是精神文化沉积千年的实质内涵。

再回到两个医生身上。实际上两个人有一定的年纪差，叶天士年少而敦厚伦纪，薛生白年长却放诞风雅。

《清史稿》上说薛有名士风范，"每见桂（叶天士）处方而善，未尝不击节也"，而叶也是大家气度。《听雨轩笔记》中说，叶天士母亲生病，自己不能用药，延请后街章姓医生诊治见愈，叶酬以绸缎百金致谢；后有求天士医病的人，叶天士告诉他说：章医生的技术比我还好，请他看看吧。

薛生白的扫叶庄早已荡然无存了。但清代老名士沈德潜替我们留下了《扫叶庄记》，其中写道：扫叶庄在郡城南园，薛徵君一瓢（薛生白的号）著书所也。地在俞家桥沿流，面城，树木蓊郁，落叶封径，行人迷迹，宛如空林，呼童缚帚扫除，静中得忙……

想象一下，薛生白在这样充满野趣的环境里写诗、画兰、开方、诊病，闲暇时还研究周易，不是最有情调与禅意吗？还在乎什么争与不争的名和利呢？踏雪斋不一定有，但扫叶庄却实实在在地存在过，还为苏州的儒医史增添了那么几分隐逸的色彩。

薛生白留下了一部后世较有影响的诗歌理论著作《一瓢诗话》。他也擅画兰，但他画的兰花多不存世。据说他的兰花很有特点，只有数叶、一花、一蕊而已，经常被他人索要珍藏。因为喜欢研究《周易》，他对养生也有独到见解。薛生白的庭院里还养着几十只龟，由于龟能长寿，所以他常常仿效乌龟的气息吐纳，活到了九十岁。他随身还携带铜杖一枚，号之"铜婢"，常不离身，不仅是挂杖，更是击技强身的武器。

叶天士留下的医话实在太多了，有一个最后还要提及一下。

苏州老辈人说，当时叶家附近有个懒汉，平日多靠乡邻救济。邻居都不堪其扰，让叶天士想个办法。叶医生找到他，给了他一些银钱，叫他栽种一些橄榄苗，说定能致富。橄榄苗很难栽培，懒汉花了很大精力才把苗育活。果然，苏州城里不少富贵人家子弟都来他这里买橄榄叶，每次不多不少，就三片，价钱给的也高。懒汉不断育苗，慢慢发迹了。后来他去问叶天士为什么橄榄叶这么好卖？叶天士说：我在每副药方上都写了要三片橄榄叶做引子啊！

潘 这位号称天医星的医生真是神了，连懒病都能治。

苏州现代中医发展简况

- 苏州的中医环境好，人文荟萃，从业医生多，有很多都是有名望的中医，这就是吴门医派生生不息发展的原因。
- 历史上，中医分科没有西医那么精细，分大科，大科下面不分科。在苏州，中医外科是独立的一科。有的外科是通过内科的治疗方法来解决外科疾病的，所以叫内外科。
- 每个医生的临床经验都十分丰富，千千万万个病例怎么可能会没有认识、没有记录呢？一个医生把体验记录下来，就对后人有帮助。医学就是建立在积累的基础上，像珊瑚礁一样日积月累浮出海面。

潘 华老，您在中医医院工作了几十年，对中医感情很深，能否介绍一下苏州中医的基本发展情况？

华 苏州的中医有吴门医派的历史文化背景做支撑。1949年以后，各地都建立起中医医院或者中医诊所。从个体私立的小诊所上升到公办的中医医院，是历史的大势所趋。每个市都有中医医院，每个省都有省级中医医院，而且每个省都新办起省中医学校，作为人才培养的平台。当时江苏的中医学校有很大一部分师资就是被调进南京的苏州有名望的老中医。

苏州的中医环境好，人文荟萃，从业医生多，有很多都是有名望的中医，这就是吴门医派生生不息、持续发展的原因。这些名医都是清末民国以来在社会上有名望的、自己打拼出来的，都有自己的临床经验、自己的特长，能够解决病人的问题，得到病人的肯定。20世纪50年代，这些医生响应政府的号召集中起来，成立了苏州中医诊所。后来，苏州市中医医院就是在中医诊所的基础上筹建起来的。之前，这些医生的社会地位并不低，生活条件也不错。当时医院开业后，这些中医受到医院的聘请，他们拥护国家对中医的政策，拥护共产党，认同集体化的道路。当时老中医进医院的待遇就是自报薪酬水平。比如说，一个医生进入中医医院，根据原来的收入情况来决定待遇。外科医生比内科医生要强一点。全国各省都在建立中医医院，在各地招聘医生。苏州中医较多，通过政府的协调，有些名医就被选派去了北京、南京等地，有的去了安徽，有的去了大连，去南京的最多。当时北京办起中医研究院，苏州遣派了三个医生进京。一个是妇科的钱伯煊，一个是伤科的葛云彬，另一个是儿科的金昭文，他们都是非常有声望的临床医生。后来，很多中央首长以及家属都找他们看病。苏州中医

苏州市中医医院（现址）

为支援全国中医事业发展做出了贡献，这个也是吴门医派在新时期的发展和辉煌吧。

中医很有意思。历史上，中医分科没有西医那么精细，分大科，有内科、外科、儿科、妇科……大科下面不分科。中医外科是独立的一科。有的外科是通过内治的方法来解决外科疾病，所以也称内外科。有时不用开刀，通过吃药来治疗一些外科的病。比如奶痈，它还没有到要开刀的时候，就通过中药来治疗。有的疖子还未化脓，就吃一点药帮助解决消散。

钱伯煊先生当时学的就是内外科。但是到北京以后，中医方面需要一个妇科医生，于是他就转成了妇科。中医转科很自然，不像现在西医的分科那么界限分明，所谓分科有时候是可以转换的。钱老到了北京以后根据需要做一名妇科大夫，而且做得也很好（笑）。许多首长夫人都找他看过病，那个时候的好医生还是不多的。这就是苏州支援到北京去的著名医生。苏州也有支援到安徽去的，安徽省中医学院有一个老中医叫钟平石，他是苏州素有名望的医生。支援到大连去的一个医生叫曹仲和，也很不错。当时去南京中医学校和省中医医院的也有很多，后来中医学校变成了南京中医学院，就是现在的南京中医药大学。苏州去南京的大概有十几个。20世纪60年代到80年代，当时有"全国的中医看江苏，江苏的中医看苏州"的说法，苏州的中医当时确实影响非常大。奚先生和他们都比较熟悉，或是师兄弟，或是较好的同事，关系都非常好。

"文革"以后,奚凤霖先生做了一件非常有意义的事情。看到这些老中医年事已高、风烛残年,他担心这些老中医身上的中医思想理论和他们看病的经验都被带走,于是就想用文字和音频资料把它们都整理出来,留给后人。于是,在苏州市中医学会与中医研究所立项,走访这些老中医,采录有价值的口述资料和文章。苏州本地的就自己走访,外地的就通过书信沟通,或者是在一些会议上诚恳地面邀。当时,奚先生带头工作,写自己的一些学术经验和中医思想的文章,另外又开展录音与口述工作。我当时也参加了部分的走访和录音,那时的录音还是很初级的,用磁带。这些工作都是在20世纪80年代初期做的。

潘 这个想法非常好,您也参加了走访和录音,有没有什么细节可以讲一讲?

华 当时我在中医研究所和中医学会工作,奚先生当时在中医研究所担任所长。他把我调到身边去做这些工作,中医临床、研究、走访等工作都是交叉的。奚先生身兼数职,在工作中身体力行,担任重要的职务。我记得,有些老中医是上门拜访的,有些身体比较好的就邀请到研究所来交流,后来编成了《老中医经验集》的文稿。内容是很好的,都是老中医在"文革"以后中医复兴期间的一些思考、想法以及临床的经验的总结,非常宝贵,非常有价值。

潘 当时有没有抢救性记录下来即将失传的中医技术?

华 这个还好。当时钟平石在安徽,我们没有去。这个工作开展了以后,他已经重病在身了。后来他的录音寄过来,长度很短,而且声音很模糊。他就没有一个系统的中医学术思想的留存,有些遗憾。但是还是有很多优秀的文稿被保存下来了,如黄一峰(时任苏州中医医院院长)对脾胃病治疗的经验、陈明善(时任中医医院副院长)对外科疾病方面的经验都有记载,一共保留了52位老中医的学术文稿。

潘 奚先生和这些老中医都熟悉,所以工作开展得很顺利。那么当时他是如何与前辈交流、吸收前人的诊疗经验的呢?当时苏州医生看温热病的情况是怎样的呢?

华 奚老当时学医就是拜师苏州当时很有名望的两个医生,一个是侯子然,另外一个是经绶章,主攻的就是温病。以前的中医要把温病治疗的整个过程都把握住是不容易的。一个病人从发烧开始要一候一候地跟踪着看,病人也要相信医生。发烧开始以后怎么演变?发烧不退用什么方法?十五天、二十天以后发烧慢慢地消退了,到康复阶段怎么弄?这是一个比较复杂的全过程。我们苏州地区发病的伤寒一般就是肠伤寒，那个伤寒杆菌寄生在肠子里，发烧症状是潜伏了一段时间才突然开始的，发热都是39度、40度。一来就是高烧，而且不容易退烧，有时西药也退不下去。病人往往要烧十天半个月，都是高烧，这个过程对病人消耗太大了。病人在这么长时间高烧不退的情况下还要坚持请中医医生看是很难的。医生在这个过程中间就要把握得住病人的病有没有其他的变化，如发烧的高潮、高潮以后的消退、消退以后的康复。一个病人连续十多天高烧，还不能吃饭，只能吃流汁，在饿了这么长时间以后烧退了，恢复期要吃东西的欲望特别强烈。因为病灶在肠道，肠道炎症很严重，在恢复期如果吃东西不当心也容易有并发症发生，比如肠穿孔、肠出血，这些都是很严重的并发症。所以一个医生要把过程全部把握住，而且没有并发症发生，到最后痊愈恢复起码要30多天，有时甚至需要更长时间。

当时的医生有个说法，看伤寒病，一个医生看病人的前阶段是没有功劳的，因为这种病很难控制，病程本身就要十天到十五天才开始有转机。三天退不下来，五天退不下来，病人往往不相信你的话，就会觉得这个医生没有本事。并不是医生没有本事，而是治疗需要一个过程。如果这个病人到了后阶段找另一个医生接诊的话，那这个医生凑巧了，这个病一下子就好转了。所以伤寒病看头跟看尾是完全两个情况，医生能从头到尾把握住是不容易的。这就是考验一个医生的试金石。很多医生拜师学医以后往往都会碰到这种病人。奚先生思路比较活跃，他看病比较果断，效果好，年轻就有"苏州小郎中"的声誉，民国时期在苏州地区就很有名气了。

潘 有人评价说中医看病像将军一样"进退有度"，有没有什么表现？

华 将军就是指挥若定，胸有谋略，对度的把握好，何时进攻，何时防守，都要心中有数。进攻就像用猛药，它跟平淡的药要结合好。每个医生都有不同的风格，就好像战场上的将军一样。有的一路往前冲，像猛张飞一样，有的稳扎稳打，各种风格都不一样。

潘 那您行医看病是什么风格？

华 我用药比较简要。有的医生开很多药，二十几个药一个大方子；有的医生很简单，七八个药一张方子。但是最后的评判标准是看疗效，不是看药多药少，是贵还是便宜。比如说，20世纪60年代，中央领导陈云曾到苏州来看病，他患了结肠炎，在北京一直看不好。结肠炎比较难看是因为反复性大，它跟人的体质和饮食有关系。到苏州来要看中医，他很相信传统医疗。苏州就派黄一峰医生去看病。黄老开

《奚凤霖医论集》书影

了个方子,药不多,也很便宜。当秘书去配药时,一看很便宜,就拿着方子问黄医生:"你这个方子只有十几块钱,能看好首长的病吗?"黄老笑着说:"这个方子没开错,我很有把握。"果然,几服药下去,陈云的病好转了,大家都啧啧称奇。说明药方不能看价钱,主要看疗效。

20世纪50年代,政府把中医都集中起来办医院以后,设立了病房,病房里的病人要请医生会诊,这种交流探讨的方法也会使中医水平提高得很快。医生是会不断地遇到新问题的。发热病在处理上西医要优越于中医,所以这一类疾病不再是中医的长处。中医只好对另一类疑难症、慢性病加大研究力度了。现在回头看,20世纪50年代的老年性慢性支气管炎、肺心病、肺气肿,60年代的各种肝病、肝炎、肝硬化、血吸虫病,70年代以后的心脑血管病,到80年代以后的肿瘤病,这些疾病的发病都跟社会环境和生活水平有密切关系。

50年代为什么老年性慢性支气管炎多,因为当时的医疗卫生条件差,尤其是农村的生活水平低,农民不重视看病,不影响干活也就不看,到了四五十岁以后变成慢性支气管炎,然后就演变成老年慢性支气管炎,到最后引起肺气肿,影响心脏,结果就很难有办法治疗。这个疾病当时是比较多见的,医生当然要对这种疾病进行研究。而且我记得60年代后期国家卫生部门还对老年性慢性支气管炎、老年性的肺气肿这类疾病组织过全国大协作来研究治疗，希望能从根本上解决老百姓切身的痛苦。

60年代，国家遇到自然灾害，因为生活条件差、营养不良以及卫生状况不讲究，就出现了一些传染性肝病，如黄疸性乙型肝炎。我们现在知道要分型，是乙型肝炎还是甲型肝炎？比如黄疸型肝炎还分为黄疸前期、黄疸期和恢复期，当时并没有分得这么清楚。当时因为这些条件所限，所以肝病是一个很可怕的病。因为它得病周期长，病人体质消耗大，家属经济负担大。肝病一路发展，就会发展成慢性肝病，比如肝硬化、肝腹水。这里还有一个因素，六七十年代有钉螺内寄生血吸虫，人体感染以后，血吸虫肝病发病率变得很高。所以，六七十年代防治肝病也是一个很重要的医疗任务。

70年代以后就是心脑血管病很多，尤其是部分高级干部的发病率很高。他们生活条件好，年轻的时候生活艰苦，新中国成立以后生活优越了，最后因为肥胖和高脂血症就影响到心脑血管。高血压、心脏病的发病率高。所以，后来有相当多的首长都慕名来找奚先生看病。

80年代以后肿瘤发病增多了。中医就面对这些疾病的变化开始专题研究，主攻治疗。

因为70年代以后正处于"文化大革命"的后期，军队参与地方工作，有很多部队首长到地方上来。有些首长患有心脑血管病，于是纷纷要找中医看病，因为当时西医还没有更好的方法，所以当时我侍诊奚老的时候来看病的首长很多。多个地方的军区司令员、市里的领导来看病，都是一些老干部。奚先生就是在这个"伤寒钤百病"认识下深入研究《伤寒论》、研究张仲景的思想，所以他用很多张仲景的经方来治疗心血管病。我为奚老整理出的那本《奚凤霖医论集》书中就有张仲景的经方治疗心脏病的很多案例。根据《内经》的思想研究，他认为心病和胃病有一定关系。心病和胃病的表现可能是相同的，所以叫心胃同病。

潘 有没有什么中医治疗心脏病成功的案例？

华 有的病人不知道得的是心脏病。心绞痛和心肌梗死初发时表现为胃不舒服。尤其是吃得过多，一个小时或半个小时以后，突然胃感觉不舒服了。这个胃不舒服和一般胃不消化还不一样，痛得很厉害，胸闷得很厉害，而且有出汗，早期的表现和胃病的表现是相仿的。奚先生通过重新学习《内经》找到了依据，得出了"心胃同病"结论。那么他的治疗方法也就是"心胃同治"。

潘 您刚才提到了奚老受《内经》启发，现代医生是如何借鉴古书来研究现代的疾病呢？

华 最早的医学经典就是《黄帝内经》，此外就是张仲景的《伤寒论》。但是完整地讲应该是《伤寒杂病论》，包括《伤寒论》和《金匮要略》两部分。早期刻本就是《伤寒杂病论》，后来又分成《伤寒论》和《金匮要略》。《伤寒论》列举了发热病六经传变的一些病的规律和治法，它对病症的认识和思路分类的方法就是根据病的发展而来。我们讲"六经"，根据病的变化、病的症状的描写来把控发热的过程。什么症状用什么方法来治疗，到什么时候会发生什么变化，往往表现为递进的演变。《金匮要略》就是治疗各类杂病，包括心脑血管类、呼吸系统类的病症。它是分篇的，共有23篇，包括内科的各种杂病和妇科的一些病都在这23篇里面。跟心脑血管有关系的，里面提到了心痛短气胸痹病。后来奚老理解到与胃有关系的心痛由心胃同病到心胃同治，从它的一些症状表现中找到它的治疗方法。

潘 那么这个过程中也有医生自己摸索发展出来的临床经验吗？

华 这个发展就在每个医生的临床经验和学术著作里。如果只根据《伤寒论》和《金匮要略》，那么后面就不必有那么多医学著作了。每个医生都有自己的临床经验，他看到的病症有些症状在《金匮要略》里是有的，还有些是里边没有记录的。我发现了，就要想办法记载下来，这是我的感悟。参考了《金匮要略》的方法，发

在河南南阳张仲景医圣祠

展了以后就是我的经验。这就是一个发展，除了有学生继承之外，那就记载在他的著作里面。所以，我们要看的医书很多很多，以便可以了解各种病症和表现。因此，后世流传的医书就越来越多，这些都是救治生命的总结。一个成功的医生都会把好的方法记载下来，不是为了标榜自己，而是为了惠泽后人。老年性慢性支气管炎以前不是这样的提法，但是《金匮要略》里面记载了，就是所谓的"咳逆上气""肺胀"。将肺气肿、肺心病结合起来，这个古书里都有描写和记载。对于这些我们都进行了阐释，其实中医就是这样发展过来的。

中医一直都在变化、不断进步，它不是僵化的。它不只守住《伤寒论》只看伤寒类发热病。只看发热病还要中医干什么呢？奚先生对很多杂病都有研究。有一段时间，他对老慢支、肾病、心血管病进行了研究，一个一个难题得到了解决。尤其在晚年，他对心脑血管病研究很多，花费的工夫也很大，并取得了很大的成绩。

与南京中医药大学教授、伤寒论教研室主任陈亦人合影

苏州中医也是这样一路发展过来的。

那么,如果说奚老原来是一个温病学家的话,后来他是慢慢演变到杂病上面来的,而且他是在反复研究《伤寒论》基础上发展起来的。《伤寒论》不是只看发热病的。在《伤寒论》的条文里,一共有397条条文,对发热病的传变、发热病所出现的并发症、并发症的症状变化都有记载。并发症的表现可能就是各种杂病的表现。所以,对《伤寒论》要深刻地理解,它不单单是看发热病的,也是能看杂病的。这就是对《伤寒论》深入的研究。奚老就是从温病学派突围出来的。他参加过几次全国性的仲景学术研究会议。后期的工作也就是从八九十年代开始的,对仲景学术思想的再认识促进了临床思想的变化。南京中医学院的《伤寒论》专家陈亦人①教授提到"伤寒钤百病",意思就是一部《伤寒论》可以看很多病。奚先生在这个思想的启发下,花了工夫重新温习《伤寒论》。这个学习方法和研究精神对我启发特别大。

奚先生就是通过"伤寒钤百病"的认识展开了对心脑血管病的研究,他在晚年的研究中得益尤多。在他的医学经验文集里,我为他单列了一篇,叫《心病发挥》。因此,他看的杂病疗效也好。现在发生的病古人大多碰到过,只不过病的命名不一样,病的症状古人可能都有研究过。张医生的书里没写到,王医生的书里或许有;王医生书里没有,李医生书里肯定有。每个医生的临床经验都十分丰富,有千千万万个病例,怎么可能会没有认识、没有记录呢?一个医生把体验记录下来,就对后人有帮助。医学就是建立在积累的基础上,像珊瑚礁一样日积月累浮出海面。

---

① 陈亦人(1924—2004),江苏沭阳人,南京中医药大学教授、博士研究生导师,江苏省名中医,曾任江苏省中医药学会仲景学说研究会主任委员,曾主编《伤寒论译释》。

博涉知病 多诊识脉 屡用达药

- 针对现在很多慢性病，如心病专科、消化专科、肺病专科、呼吸专科的病，中医都有优势。这些病种的范围就是杂病一类。

- 甘草如果是佐使的作用，一般用3~5克，但有时候我用30克，有的甚至用50克。这个要看对病症把握以后的应用。有的医生转我的方子，一看30克，就会疑问，怎么用这么大的量？其实没有错。所以我现在写方子时要加两个感叹号，表示我不是错写。

- 我的方子药少，配起来快，配药师比较欢迎。有的医生一个方子二三十味药，而我一般不超过十二味药。有时病情复杂一点的也有，但不会超过十六味药。

潘 华老，前几次访谈我们大体上对苏州中医乃至吴门医派有了一些了解，接下来，我们可以结合一些病症，来探讨中医的诊疗方式和方法。

华 前面提到苏州老中医专注于温热病这个方向，然后转向杂病的突破。不过根据现在的医疗水平，治疗发热病是西医的长处。除了这个病以外，我认为其他的病都有中医的发挥空间。如非感染性疾病占到人类发病的70%，人类的大部分疾病都是慢性病，慢性病要有70%，感染性、发热性疾病只占到人类发病的10%~20%。现在环境下急性病就是要到急诊去，要请急诊医生来看。所以，有这两个70%，就是中医大有作为的地方。

现在大家都知道免疫功能，什么是免疫功能？"免疫"两个字是西方的医学概念。这个免疫是人体的一种生理功能，人体依靠这种功能识别"自己"和"非己"成分，从而对抗和排斥进入人体的异己物质，用抗原和抗体来表达。我们中医怎么理解，我们中医是说你的体气。所谓体气，就是你现在体质的状况。免疫功能的调整西医方法不多，在这一方面中医的长处就很多。针对很多人类的慢性病，如心病专科、肺病专科、消化专科、呼吸专科的病，中医都有较多优势。这些病种的范围就是杂病一类。

回过头来，还有30%的感染性发热病，西医研究的抗生素虽然是卓有成效的，但是它对病毒有时还是束手无策。

那么，为什么还要给你用抗生素治疗呢？它是借用大剂量的抗细菌的药物剂量来抵抗病毒。原则上，若是病毒性的感染，是不能用抗生素的，西方的医疗管理是很严格的。有医师和药剂师分工合作，药剂师的作用是监督医生规范用药。这个病人没有明确是细菌性感染的话，是不允许用抗生素的，但我们都在用这个方法处理。小孩发烧经常用抗生素是不妥当的，还没搞清楚是细菌感染还是病毒感染就滥用抗生素是不对的。发烧是一个过程，有的甚至有3天到5天的过程，主要控制它没有并发症的发生、没有急性的病变。我们小时候都是这样的，一旦感冒伴有发烧在家里躺三天、五天，多喝水，不吃东西，有的还用理疗刮痧，最后出汗就退烧了。现在家长的心理不太健康。小孩一发烧就紧张，把孩子当成宝贝，把生病的小孩送到医院，恨不得半个小时就让医生退烧。所以，医生治疗的方法也是被小孩的家长逼出来的，是用不规范的方法来应对病人与家属。小孩过早地用了抗生素、激素以后，小孩的免疫功能会受到伤害，所以小孩的体质会受到影响。

如果说病毒性的发热性疾病发生了，中医还是颇有优势的。不用抗生素，用一些疏风解表的中药、抗病毒感染的药。中医不讲抗病毒，就是解表发汗来退烧。非典型性肺炎就是SARS病毒引起的，禽流感也是病毒。所以，这种"非典"疫情的流行后期还是由中医来收场，中医在其中起到了相当大的作用。

潘 请您具体讲讲"非典"治疗的有关情况。

华 "非典"开始表现为具有强烈传染性的发热病，医界认识不多，一下子肺部就有病变了，所以叫非典型性肺炎。以发热症状为主，很快出现呼吸急促，影响呼吸功能，没有有效办法治疗控制。抗生素控制不住，就开始大量使用激素，因为对这个病毒一点认识都没有。有的人体质好，感染程度轻，可能用这种方法就可以有效控制，但是好多病人受到传染后控制不住。由于人群流动大，就把瘟疫一路从南方往北方传播开来。一直到北京出现很严重的情况，引起了中央重视。开始主要是用西医西药，但是死亡率高。非典型性肺炎有两个特点：一是传播速度快，流行的传播率大；二是死亡率高。在没有有效办法的情况下，老中医坐不住了，上书中央请求参战，包括广州、北京的医生。用温病的知识和方子来参与治疗，主要以北京为主。广州也参与了，广州有个邓铁涛老中医也参与了，没有多长时间就有效控制了"非典"流行的局面。后来广州的"非典"患者零死亡，中医参与以后死亡率很快降低了，传播率也降低了。由此开始对中医的温病学说有了再认识，并引起高度关注和大力提倡。中医复兴就是在SARS以后开始的，对传统中医开始新的重视。如果我们重新来关注SARS病人的后期状况，即使是用西药治疗好的"非典"病人后期却出现两大并发症：一是肺纤维化，一是骨质疏松症。据报道，北京有的存活病人生活质量极差，生不如死。并发症限制了他们的活动，丧失了生活自理能力；

骨质疏松导致丧失关节功能，关节疼痛影响活动。有一部分病人是普通退休职工，巨大的医药费用负担不起。

后来续发的禽流感都是根据这个思路来防治的，并得到有效的控制。因为有关部门管控及时、方法得当，所以禽流感再没有广泛流行。所以，从这个意义上看，中医温病的学术思想还是靠得住的，我们国家有自己独特的东西。针对现在非洲的艾滋病、后来流行的埃博拉病毒，国家都派出中医医生参与治疗，并且有一些好的治疗成绩出现。中医参与对疾病的防治的优势不单单在温热病方面，更大的优势是在免疫功能方面的调节，我们老百姓常说的调理养生就是这个意思。养生调理不是没有病去看病，而是在免疫不平衡的条件下参与平衡调节。一些慢性病应用中医的治疗是比较可靠的。

潘　比如痛风这个病，中医的治疗有什么特别的吗？

华　西医的病理说得头头是道，因为有解剖的基础，有生理病理的基础，用药的设计是对指标而言的。如果是要降尿酸指标，用中药还不如用西药快，因为西药对指标而言比较明确。但是你要治疗好这个痛风病，那可能也要由中医来参与。因为这是一个代谢性的病，代谢过程中间或不全或有障碍，需要通过中医来平衡调节。这个病对肾、血管都会有影响。当病人出现痛风性肾炎就很难治了，它是影响肾的血管。西药的治疗就是对指标处理，把尿酸降到标准值以下。如果用中药治疗的话，就要用中药对人体的代谢进行调整。中医理解痛风，比如脚趾的关节痛，就是我们所谓的痹症。这种关节痛的病因可能有湿的、湿热的、寒湿的不同。西医认为是一个指标——尿酸产生的代谢的不完全性对身体的影响。中医看的不只是指标，指标只是一个信息，而是要通过分析整个身体状况、正气与邪气对峙的状况，正虚之下肯定有风、寒、湿、热诸邪的不同影响或干扰。这些因素影响了气血阴阳功能，要解决这个问题就要扶正祛邪、调节平衡。

潘　很多人认识华医生，都说您是看血液病出名的，其实您在内科调养各个方面都很资深，怎么会造成患者这种感觉？

华　这和我师从陈松龄先生有关。中医学界，奚老和陈老两位都是很有名望的医生，是江苏省名老中医。我当时在病房工作，有很多血液病的病人，陈老每个星期都会到病房会诊一次。当时我就想在中医治疗血液病方面继续研究，于是我就拜陈老为师，并开展血液病专科门诊。

陈老是1937年从苏州国医专门学校毕业出来的，经历了新的教学模式，他是第二届的学生。在苏州、上海及省内外各地都有他的同学。苏州的名医王慎轩是校长，章太炎、唐慎坊都是这个学校的校董。用新的教学模式创办的中医学校在国内是比较领先的。

《内经》、《伤寒》和《金匮》这三种经典著作是学习中医的基础。陈老那个年代的老先生基础比较好，陈先生实习时跟了看杂病著名的顾允若医生，所以对杂病研究也就多，尤其熟练掌握《金匮》的学术思想。陈老开业后看杂病也多，早期对肝病进行研究。肝炎、肝硬化、肝腹水、肝肿瘤临床经验比较丰富。当然肾病、风湿病也看，后来就是比较多的接触血液病病人，时间是20世纪50年代。当时苏州医学院刚建立，几个南通医学院的教授过来了，其中陈悦书教授[①]就是研究血液病的，后来成为国内血液病研究专家。当时医疗水平不高，对血液病的认识不多，所以对血液病的治疗效果也不好。在这个背景下，当时中西医的合作还是比较开明的，彼此不排斥、能合作。通过市卫生局协调，请陈老作为苏州第一人民医院血液科外请专家参与临床会诊合作，陈老研究治疗血液病从此起步了。因此，他的研究方向也就变成了血液病。相比较的话，陈老的学习研究没有奚老这么宽泛，但是具有相当的深度，专业领域中孚有声望。后来我为他总结编写了一部《血液病治验》的书，专门记录阐述了对血液病的认识和治疗，并附录了较多的病案实例。

我看好的病人记得的并不多。往往是会有病人跟我说起他的病是我看好的，或者是别人说他们单位里某人的病是我看好的。退休以来，我看的妇科病也很多。缘起血液病，女性血液病患者病变都和月经的关系很大，血象变化也大。如果用了大量的激素，女性就停经了，不停经的话就会有大出血的病变情况。每一次月经不调或量很大，都会导致病的发展。实际上，任何一种女性疾病都会跟例假有关系，和内分泌及其周期变化有关系，所以我看好的几个血液病女患者都是注意到了这个问题。调整好了妇科月经病，也就有助于血液病的治愈。由此，就有人来找我调理月经，也会有很好的疗效，于是就这么流传开来了。（笑）

潘　哈哈，没有想到华老现在又以看妇科病知名了。

[①] 陈悦书，血液病学家，福建福州人，1942年毕业于上海医学院医学系，曾任上海第一医学院副教授、苏州医学院教授、苏州大学第一附属医院主任医师，主编《临床血液学》等。

华润龄先生给患者看病

华 退休以后接触的妇科病更多,有生小孩后的月经不调、结婚以后的不孕不育、中年女性的更年期等。大都是听别人介绍来的,因此妇科病人越来越多。

我们再回头说说血液病。我看过一个比较典型的病例:车坊农村的一个小男孩得了再生障碍性贫血,发病的时候十二三岁,是他父亲背来的。父子俩早上三四点摇船从家里出门来苏州看病,到苏州已经是上午10点以后了。看好病拿上药离院,到家天就黑了。这个病人开始是陈老看的,后来就转给我看。治疗了五年以后,应该说完全恢复正常,十六七岁以后血象就像正常人一样了。以后工作、结婚、生子,一如常人。还有一个浒关的小孩,得病的时候七八岁,病的时间不长。经过我的治疗,完全好了以后还入伍参军去了。

有好多血液病人一边找西医治疗,一边找中医看病。如血小板减少性紫癜结合中医治疗,使出血症状稳定,最终达到临床康复。我觉得,这个也是当前西医和中医共生共荣的现状。

西医的治疗是在追求指标恢复,要求血小板恢复到一定水平。但我们中医不是唯指标而论。对指标而言,西医的技术要好得多,化疗也比中医的效果好。但是,我认为不可靠。一旦停药以后又低下来了,同时对人的免疫功能的损害很大。中医则是对症状而言。为什么要看这个病?首先是出血、乏力、不想吃饭、关节酸痛。尤其是出血,牙龈的出血、皮肤下面的出血很严重;女性往往月经过多,这都有关系。但如果把这些症状都缓解了，这算不算治好了？如果说根据化验的话，可能指标没有达到正常水平。但是这些症状缓解了，像正常人一样地生活，那你说算治愈还是没有治愈？

这就带来了一个值得思考的问题，把中医药的疗效置于现代医学的评判标准中去，对中医来说是勉为其难的。更何况现代医学也是在不断纠错的情况下发展而进步的。关于肿瘤的治疗，目前我们在临床已经意识到关于肿瘤是慢性病的提法，治疗目标是长期生存、提高人的生活质量。

这就是我跟病人沟通的问题。

有的病人在经过生病的过程后会认同的。他身体恢复正常了，但是血小板没有恢复到设定的正常数值。以前血小板的正常水平是十六万到二十四万。20世纪70年代流行病学研究表明，中国人血小板平均正常水平是九万，那时候就设定正常值为九万。当病人血小板低于六万了，就要住院了，医生就会很紧张。到了90年代又把下限降到六万。如果病人血小板下降到三万，这就一定要住院了。但是现在又不一样了，现在血小板值两三万的病人仍在社会上正常生活。对治疗指标概念的不断修改是客观情况，也反映了临床上中医和西医的评判标准的不同。治疗达标和免疫功能是不同的两回事，经过中医治疗的病人免疫功能会得到很大的提高，病情较少反复，并发症减少了，处于较长的稳定期并逐渐痊愈。

潘 华老，我读您给奚凤霖先生编的书后记里有一句话印象很深刻，您说做一个好医生要达到三个标准："博涉知病、多诊识脉、屡用达药"。您可以再阐述一下吗？

华 这三句话总而言之实际上是一个意思，医生应该多参加临床，要在临床多接触病人。

"博涉知病"。你如果是实验室的研究员，在实验室工作是另外一回事，做医生就应该多接触病人。遇到一个病人，或许是从来都没有碰到过，你怎么把握这个病人呢？所以为什么要跟随老医生，就是老医生看病看得多，见的病人多，经验丰富，对病的理解可能会更深刻，会有更好的把握。

"多诊识脉"。当一个医生反复在临床诊病识脉，你总是有体会的。就能体会我搭的脉象和病人的病情是不是一致？切脉是望、闻、问、切四诊之一的手段。有的病人要求比较高，坐到你面前来手一伸，什么都不肯讲。面对这种情况，把脉后跟病人沟通，根据脉象的信息指出病人的状况，然后就跟病人简单交流，通过有重点的问诊,往往就能把病人问题问清楚、搞明白了。所以,当医生一定要多接触病人。脉象最多有28种,临床多见的有十多种,普通中医能掌握已经不错了。这是要经过长期的体验才会有认识的。

"屡用达药"。为病人治疗的方案中,有关理法方药,药是治病的立足点。在多次用药过程中,临床可以逐步磨合,这一定会有一个过程。虽然有方剂学的指导,实际上还是应用《伤寒论》里的辨证原则。张仲景是东汉时期的医生,实际上还是一个读书人,做过长沙的太守。他每七天都会在府堂上看一次病,是名副其实的坐堂医。(笑)他不但能看病还能写书,总结的《伤寒论》这部经典医书两千年来一直在使用,是中医治疗学上的准绳。所以我说,我们中医成果来源于两个方面:一个是古人经验的总结,是前辈医生的积累;另一个则是临床医生的一代代的创新发展。

《伤寒论》六经辨证有397条条文,一共113张方子,总共只用了97个中药。有的人看我的方子,觉得我不会开药,药这么便宜,用药这么少。但我们不能太世俗了,由博返约,数典不能忘祖啊!

《本草纲目》介绍的有上万种中药,张仲景用97种就能解决问题了。这得益于他对中医学基本理论的深切研究:一个是对病的研究,一个是对药的研究。历代中药书籍汗牛充栋,每个医者对药的作用都会有独特的认识和体会。一味药这本书上有这个作用的记载,别的书上有另外的作用记载。对药的认识和开发是没有止境的。有的人说甘草是没有用的药,仅仅是佐使而已,但是甘草是"国老",有了不起的作用,不仅仅是调和的药,还有解毒、通脉的作用。

中药配伍讲究"君臣佐使"。君药就是主要作用的药,臣药就是辅助协同的药,其他是相佐的药,佐药有纠偏补弊的作用,使药有帮助导向的作用。甘草一般都是佐药。甘草相当于朝廷上的老臣。甘草另外也会有君药、臣药的作用,如解毒的作用、通脉的作用。甘草如果是佐使的作用,一般用3~5克,但当主药使用时候会用30克,有的甚至用50克。这个要看对病症的把握而论。有人转我的方子,一看30克,就会想"是写错了吗?怎么用这么大的量?"其实没有错。所以,我现在写方子时要在药旁加两个惊叹号,表示我没有写错。

所以,用药不能仅仅依据一本书的记载。研究药的临床医生很多,某医生用这个药有一种特殊的认识,要把它记录下来。你不了解这个药的其他作用,只知道一个作用,就少了一个方法。当你要用清热的、解毒的、止痛的药时,一般会选用三个药。但是某种药兼具这些作用就可用一个药。所以，我的方子药味不多，配药师也比较乐意配方。我的处方一般有八九味药，最多不超过十二味药。有时复杂一点的也有，但不会超过十六味药。

潘　别人用药是韩信点兵多多益善，您是少而简、简而精。

中医的诊疗方法（上）

- 「望闻问切」可以比作西方化验设备的检查，只不过是通过人来判断。从古代到现代，中医的处方用药、辨证分析的根本就不是依据设备与化验，因为中医理论的设计、产生与发展的根本就是根据望闻问切的症状的变化。

- 舌诊还要看舌质和表面的舌苔，这是两个部分。如果再讲究完善一点的话，舌苔的表面还要分别与五脏有关联，现在临床应用不十分强调。

- 古时中医创始时的脉搏诊疗有三部：腕部寸口要摸，颈部人迎要摸，还有脚踝跌阳要摸。三个部位表现的信息可能有差异，因为有差异，所以能够掌握不同的信息。现在废弃了两部，只保留了一部。

潘 华老，咱们今天专门抽时间聊聊中医的诊疗方式，比如人们常说的把脉、"望闻问切"的依据在哪里？

华 中医的病理研究实际上就是验证认识，验证认识的主要依据就是"望闻问切"。在中国古代科技不发达的时候，"望闻问切"可以比作西方化验设备的检查，只不过是通过人来判断。从古代到现代，中医的处方用药、辨证分析不是依据设备与化验，因为中医理论的设计、产生与发展的根本就是根据"望闻问切"的症状的变化。这个症状当然包括自觉的症状和他觉的症状。自觉的症状就是病人自己感觉到的，他觉的症状就是靠医生来发现的。

所以，我们不能说中医看病就是病人手一伸说："医生你看我有什么病？"因为病人对医生的要求比较高，一个客观的、比较认真的医生免不了要和病人交流。这个交流就体现在"望闻问切"的过程中间。

"望"可以说是查看。病人进来以后，医生第一眼就看到病人了，看病人的脸色、神气、步态、动作，这些都要看，都是诊疗的依据。比如说，病人第一次来看病，走路是别人扶着进来的，好像走路不是太平衡，那就知道有影响他运动功能障碍的问题。如果下一次来看的话，他一个人很轻松地走进来了。再看他的动作很利索，转身、拐弯、起坐都很利索了，那就说明他的症状改善了。这就是"望"。"望"尤其是要看脸色，脸色就是神气的表征，这是中医的一个标准。脸色有白有黑，有红润、有苍白、有微黄、有黝黑，有各种各样脸色。但还有个就是神气，看他的脸上带不带神气。这个神气表示什么？就是人的光彩。"气"在中医里是一个重要的内容。如果学中医不懂"气"，你很难入门、很难深入，但是"气"又是看不到、摸不着的。怎么来体会这个"气"？它可以是呼吸的"气"，"气"是物质，包括物质的变化都是"气"。"气"也可以说是一个很相对的动态形式，但是"气"的变化是无限的，这个变化就很复杂了。所以学中医如果不懂"气"就很难，因为它不是西医那个生理解剖的东西，西医中气管、组织、神经、血管都是可以解剖出来的。中医讲"气"的话就不那么具体。你说我要拿个"气"给你看看，我拿不出来，但可以知道他现在"神气"不够。什么叫"神气"不够？可以表现在很多很多方面，脸上有没有光彩，讲话的语音语调怎么样，头能不能抬起来和正常人平视讲话。小孩的病有两个很关键的症状：头垂阳衰，头垂下来了，也就是阳气虚亏；另一个是唇红脾败，嘴唇鲜红鲜红的，脾胃功能有问题了。小孩不太会讲，中医俗称哑科。小孩又不能固定地给医生看看，给你摸摸，所以只能靠"望"。"望"就是望病人外在的一些东西，用"气"来表达。"气"的充足不充足、虚弱不虚弱和"神气"够不够都是根据他的脸色、语言、动作、举止很多方面表达出来。所以，见到病人，医生总是会望一望的，你不能低着头只看病历。你第一眼一定要望一望病人大概的感觉。所以，看病要有依据，一接触病人第一眼就开始收集症状依据了。

潘 我看有的中医师还看舌苔，这个也属于"望"吗？

华 是的。望诊，望舌苔。如果看胃病的话，跟病人接触以后就望舌苔。舌苔也是很复杂的。东汉张仲景的《伤寒论》和《金匮要略》里边很少描述舌诊，当时觉得很奇怪。后世，到宋元以后，才有舌苔的记录，可见中医也是在演化发展中进步的。尤其是当苏州的温病学派兴起时，中医更讲究舌诊。我们也不能说张仲景忽略了或者不讲究舌诊，这个我们还要研究。但是他的脉诊还是很讲究的，十分老到。

潘 您说的舌诊能不能举个例子说明一下？

华 温病学派更加讲究舌诊，因为舌苔的变化反映了疾病进退的变化信息。舌诊还要看舌质和表面的舌苔，这是两个部分。如果再讲究得完善一点的话，舌苔的表面还要分别与五脏有关联，现在临床应用不十分强调。舌尖是心（肺），舌中是脾（胃），舌两边是肝（胆），舌根是肾。一般是看舌质，看舌质是淡的还是红的，红的里边还要分是绛红的还是淡红的。舌质里面有没有瘀点，有没有紫斑，有没有紫气？还有舌体的老、嫩、胖、瘦，这就是观察舌质。

舌苔的学问就更加多了。简单地说，苔色有黄、有白、有黑，有润燥厚薄，有光裂积粉。积粉苔很少见，像粉堆起来一样，很厚，但是不牢靠。这种舌苔表示体内的寒湿相当重浊。

整个舌面上都有舌苔，但是中间剥掉一块，我们叫剥苔。有的舌苔很薄很薄，把舌质露出来了，叫露底。这些都是阴虚不足的症状表现。舌质比较淡胖的话，是气阳虚，包括舌边上有一定牙齿的齿痕。齿痕是怎么来的？就是舌头增大以后出现的。在口腔里，舌头大得经常压在牙齿上面，所以有齿痕，这是阳气虚。有的舌头很瘦小、干缩的，那是与阴虚相关。红表示阴虚的程度，如果成绛红色，那是阴虚的程度比较重了，这是反映人的体质根本的变化。根据气阳虚和阴血虚程度的深浅，这样就能对病人做出预后的判断是容易恢复还是不容易恢复，医学上叫转归，就是怎么来转化的问题。

那正常的舌像是什么？舌质是淡淡的红色，舌苔是薄薄的、微白的舌苔。白苔或腻苔表示可能有寒湿了。厚腻舌苔就表示痰湿比较重。如果是黄苔，多少有一点内热，可能是你体质阴虚产生的，也可能与脾胃功能相关。中医讲上火，火热往上是上火，表现在五官上，如口、鼻、眼的五官表面。脸上起痘痘可能是上火也可能与痰湿、湿热有关。熬夜是一个因素，不是主要原因。熬夜以后消耗大了，免疫功能不够完善，自己的调整能力下降了，湿热、内热的存在在一定情况下就暴露出来了。

"闻"就是"嗅"，就是"闻"到病人的气息。每个人都有不同的气息。这里不是说医生的鼻子要像狗一样灵敏，但是要具备这种灵敏。"闻"里面还有一个"耳"，也包括了"听"。"闻"我们一般理解是闻香嗅臭，但它有个"耳"，所以称"听闻"，"听"病人陈述症状，听他的语音、语速、语调。有的人很兴奋，语调很高亢；有的气虚不够，语调很低微；有的语速很快，病重的人语速就快不起来。那么闻就是听他的一些语音方面的变化，而且有的人讲话话音中间带一点某种信息。比如说，有肝郁症状的、心情不愉快的。他总是有一些带刺的话，不平和。病人的心情本身调整得不是很好，或者有一些偏颇的时候，他总是有一些情绪表达，也可以通过"听"来了解。有的病人爱理不理的，你问他一次，他不回答，第二次还不回答，问到第三次他才回答一个字、两个字。这又跟正常人的交流不一样，说明他很压抑，或者有悲痛的事，或者有解不开的情结。有一些特殊的病人确实有某种气息。有病人来了说："医生我最近口里没味道，吃东西不香，自己感觉很不舒服。"实际上，他讲这些话的时候，已经可以闻到他重浊的口气了。

比如代谢综合征的病人、血脂高的病人，他们除了有一般的症状外，口中还有点难闻的气味。还有些病人，如尿毒症的病人、肝腹水的病人，我们通过鼻子来嗅闻，都会发现有一种特殊的气味。尿毒症病人就会有一种酸的气味散发。由于肾

为钱仲联先生诊脉

钱钟联（1908—2003），浙江湖州人，生于常熟，著名诗人、词人、古典文学研究专家，国学大师，苏州大学终身教授

脏功能不好，酸性代谢会比较多。可能病的时间长了、自理能力差了，身上穿的衣服都有点气味，就会传达出一个特殊的气味。脾胃的问题、肝胆的问题有的都可以从重浊的口气中表现出来。

潘 看病不单单是二维的，而是多面的、立体的。前后左右上下都有。

华 中医是整体的、宏观的。还有"问"。以前把中医神化了，好像病人不用开口，医家都知道了。中医的"望闻问切"是一个系统工程，有的症状难以从"望""闻"来表达。毕竟每个病人都有一些特殊的情况，包括他的生活规律、喜好偏嗜以及特殊的生活方式，还需要通过交流来完善补充信息。当然在病人不能开口的情况下，医生也会有判断的能力。

总之，"望闻问切"四诊结合起来的话，能达到了解病况水平。为了更加完善地来了解一些问题，"问"是免不了的。中医医生不能像江湖医生一样，只把脉不用病人开口，故弄玄虚。中医的望闻问切是一个完整的体系，不能忽略了某一个方面。所以，医生问病人，是有好多方面都要问到的。比如说，大便小便、女性的月经、睡眠情况、胃口好坏、日常吃什么东西等。有的是切脉不到的，有的是"望""闻"体现不出来的。那么通过"问"以后，再来加上"望""闻"的这些指标，通盘考虑。现在女性妇科病较多，不孕的、痛经的、月经不调的都有。女性的病很多受内分泌紊乱的影响。就是看胃病的，也要问到她内分泌的情况。胃病的治疗过程中胃病解决了，同时内分泌的问题也好了。有的病人就好奇，我是来看胃病，胃治疗好了，但我原来痛经，现在也不痛了，很神奇。在中医看来，这些都是在整体观念下彼此有联系的。从西医分科来理解的话，胃病是消化科的，痛经是妇科的。但当把胃病发生的原因分析清楚以后，这个病人的胃病可能是由气滞引起，而痛经大多与气滞有关系。这样解决胃病的同时也就把痛经一起解决了。病人感觉很奇怪，实际上一点都不奇怪。这就体现了中医治病求本的意义，是"异病同治"的作用。处理病的时候，把病因处理好的话，与这个病因相关的病也就都能解决。异病同治，同病异治。这些在临床上都会得到很好的运用。

  西医是针对指标的治疗，所以一定要检查。指标高了还是低了，标准多了还是少了？检查肺上有没有病灶、胃上有没有溃疡、有没有炎症等，这些通过仪器检查出来。用药的设计也是针对指标的治疗。肿瘤病人的治疗会有一个好转的过程、稳定的过程，但是也有治疗不顺利的情况。如果客观地来分析，导致肿瘤病人死亡的原因有50%可能是肿瘤，另外有50%是过度治疗和过度检查。现代医学在不断地进步，从20世纪50年代以来进步很大，观念的改变也大，有的甚至是颠覆性的改变。这表现了科学的发展，因为科学在进步。假如说一个人在不断地进步的话，回过头来会说，你过去是不是太幼稚了，是不是太不成熟了？如果一个人本身就很成熟的话（指中医），为什么还要奢谈什么进步呢？进步是对原来的否定，几千年来的中医为什么现在还管用呢？因为中医是成熟的医学。关于肿瘤的治疗，现代医学已从原来的排斥性治疗进步到与肿瘤长期共存，像对待慢性病一样的疾病来处理，这是认知观念的进步，是医疗实践的教训和经验，这才是走向成熟的开始。

潘 请您再谈谈诊脉，也就是"切"？

华 "切"，就是切脉、搭脉。古时中医创始时的脉搏诊疗有三部：腕部寸口要摸，颈部人迎要摸，还有脚踝趺阳要摸。三个部位表现的信息可能有差异，因为有差异，所以能够掌握不同的信息。现在废弃了两部，只保留了一部。《内经》有记载上、中、下三部，在《脉经》后主张独取寸口。中医从客观的依据查看病症，其他的讯息是交流得来的。医生要有把握得住的依据，那就是切脉。这个切脉，你不要看它一寸左右。《脉经》上记载："从鱼际至高骨，却行一寸，其中名曰寸口，从寸至尺，名曰尺泽，故曰尺寸，寸后尺前名曰'关'。阳出阴入，以关为界。""定关布指"大鱼际下面高的地方用三根手指排下来，定了位置以后中指前面一个指头、后面一个指头，就是寸、关、尺三部。一代一代医生也是随着老师学习这么做的。那这个依据可靠吗？我的经验是可靠的。刚开始的时候也很奇怪。病人也会问，怎么三指这一寸左右的地方能提示摸到心肝肺脾肾、五脏六腑，表达什么意思？这也是疑问，学习总是在疑问中产生。

寸、关、尺三部，右手是肺、脾、肾，左手是心、肝、肾，那五脏都表达出来了。五脏能够配六腑，这就是脏腑学说里面的"腑脏相关"。这样一来的话人的脏腑就都表达出来了。你要是说把切脉数据化那是不可能的，人体的生理功能与病理变化是不必要数据化的，因为这是生命的功能、动态的生命现象。数据化是医学的一种假设，生命科学将是新兴的学科，不同于自然科学的物理化学概念。这就是我们研究的方向。

潘 华老，您刚才提到把脉能察五脏、知六腑，能再深入地介绍一下吗？

华 一般认为是五脏相配六腑。心跟小肠配，小肠就是腑；肺跟大肠配，大肠就是腑；肾（命门）跟膀胱配，膀胱就是腑；肝跟胆配，胆就是腑；脾跟胃配，胃就是腑；还要加一个三焦为六腑。12条经脉是古人研究的成果，而且经脉从起点到终点中间有多少站点，一个一个都很清楚地标明。在没有创立解剖学的时候，经过很多代人研究探索和经验总结，最后成为学说。而且，用现代科学手段研究表明，人体的经络是真实存在的，这是古人的伟大之处，是我们祖先的聪明智慧。

老百姓对经脉的兴趣应该是在"文化大革命"后期。因为在"文化大革命"中间"破四旧"，把阴阳废了，把五行废了，把这些经络学说都废了，只保留了一把草、一根针。农村的赤脚医生或者部队的卫生员都用一把草、一根针来治病，把中医的很多基本原理都废掉了。后来中美建交，尼克松访问中国时带了很多随团记者。有一个记者到了中国，阑尾炎发作了，痛得很厉害，就用针灸麻醉手术治疗。中医用针灸麻醉治好记者的病，记者回去就宣传针灸的神奇的作用，东方医术针灸治病引起了西方社会强烈的反响。针灸的原理就是经络。针灸是通过针刺或灸法刺激穴位经络。后来世界卫生组织将中医经络学说组织了一个研究课题组，组合了欧洲一些国家和美国的科学家共同研究。经络究竟是什么东西？对人体有什么影响？但是到现在都没有结论。

针刺在经络的穴位上，穴位在得气以后就能观察到有个通道打开了。这个通道有物质的输送，也有能量的转移。通过这些对人体的生理和病理起作用，这个是阶段性结论，效果是明显的、确凿的。发现有能量转移的通道，说明是有经络存在的，这一点毋庸置疑，是通过物理研究、生理实验做出来的。但是一旦把针拔掉以后，这个通道就消失了。经络还没有被解剖出来，至今仍是一个谜。

宋代的时候，皇帝下令造了一个针灸铜人。苏州中医博物馆有这样一个铜像，12条经络都在上面一一标明，而且穴位一个一个都有。这个铜人就是当时学针灸的模型。学员在学针灸的过程中主要是要认识经络的走向以及12条经络上的365个穴位，看看有没有刺到这个穴位、有没有效果。这个铜像用蜡涂满遮盖住穴位的针眼，里面灌满了水银。学针灸的人针刺到穴位的话，蜡破后水银就冒出来了。

潘 我们再回到脉搏上来，一寸的地方怎么体现五脏六腑呢？另外，为什么左右手都有肾呢？

华 一个是表示肾阴，一个是表示肾阳。肾是先天的，肾太重要了。一方面是肾阴，一方面就是命门。命门就是阳，可以指导你的生理活动。医生是通过脉搏来了解肾的情况。

潘 那肾脏不好的话脉搏会有什么样的症状？

针灸铜人像

华 医书上说，人有28种脉象。临床上，能熟练掌握十三四种脉象已经不错了。有的濒危死亡的病人脉象就不是常规的变化。有十种怪脉（或称死脉），体会不多。简单地说，有的像雨后屋檐下的滴水一样，叫屋漏脉。滴水是一滴滴往下滴的，很慢。屋漏脉就是脉象很慢、间歇很长的感觉。有的脉如麻雀啄东西一样，或啄一下停几下，或几下连续又停一下，这是雀啄脉。另外，还有釜沸、鱼翔、弹石、解索、虾游、偃刀、转豆、麻促等，不一而足。虽然濒死危象，但由于现代医疗抢救水平的提高，也有转危为安的。

很可惜的是，现在中医医院的医生也不重视把脉了。医生都以看化验单与检测报告来诊疗。学中医的人否定把脉，你说可悲不可悲？这反映了当下中医的问题很严重。你有兴趣可以到中医医院去考察一下，门诊上的医生有几人在把脉？所以，有的病人去看病时会问："怎么现在的中医都不把脉了呢？"如果中医医院的医生和西医医院的医生诊疗方法是一样的话，坐上去两三句话一问，就是开单子去检查，"望闻问切"一无所有，这是很悲哀的。我觉得，切脉还是不可或缺的。一般情况下，把脉以后是可以来评价你身体的大致状况的。但是不能用把脉过程过分地卖弄，以免有故弄玄虚之嫌。

现在把什么问题都"科学化"了。我认为科学是一种手段，是一个过程，科学不是一个结果。所以科学是要进步的，科学是不断在改变自己、否定自己。我在中医上是不大谈论"科学"两个字的，不是否认科学，只是谈合理。你不能用"科学"的观点来评价《内经》是不是"科学"。

潘 常见的28种脉中的十几种怎么样给你提供治疗的诊疗依据呢？

华 脉象在书里都有记载。我们常用"浮""沉""迟""数""弦""滑""涩""濡""细""芤""洪""促""代"等，这已经十几种了。

潘 怎么让我们这种不理解中医的人明白什么叫滑脉呢？

华 指头摸下去不沉、不牢，很流利，像水流过一样，好像你摸了鱼、摸了黄鳝这个感觉。摸下去摸不牢，确实感觉得到有一点韧性，有一点弹性，有一点硬度，滑脉还是偏硬的。中医把滑脉作为痰浊的依据。喜脉有时也会出现滑脉。有的医生哗众取宠，向病人讨喜，会说到旧时人家小姐不思饮食啊、精神萎靡啊，"身有病而无邪脉"。老太太月经不来，就想到是不是有喜了。现在的人可以随便看一个什么数据，月经差了两三天就要检测。现在人们的生理状况不一样了，女性往往死胎多、流产多，这跟女性的整体健康水平是有关系的。所以，滑脉作为喜脉唯一依据

接待世界卫生组织健康城市联盟客人，左二为华润龄

的话可能不可靠，但是可以作为一个信息供医生参考。

　　浮脉就是比较表浅的脉象。手指轻取即得，提示为有表征，如外感之类。手指按脉，有浮、中、沉三种取脉方法，手法上比如从轻一点到加一点力再到更加加一点力来感觉。浮脉就是表浅的、浮在上面的。与浮脉相对的就是沉脉，它是沉在下面的。浮脉表示人有感冒表征；尤其发烧的时候，脉象很快、很浅，就浮在表面。另外，患者有点头痛啊，有点怕风、怕冷啊，这就是说有一个外来的表征，与"寒邪"或者"热邪"结合作为表征风邪，不是单独存在的。结合后，会有"风寒"表征和"风热"表征的区别。

　　脉象里的沉脉重按始得，更倾向于表达身体内的变化。有点软就表示里虚不足。弦脉表示紧张度比较高，如按琴弦，是气滞气郁的表现，在手指下细细的、很硬的、有紧张度的。但是仔细研究的话，脉象的表述不是单独存在的。所以，现在我们研究弦脉不单单是气滞，有时虚劳内伤也有弦脉。这需要更加深入的研究，中医的魅力就在这复杂的变化间，不是机械不变的，不能僵化呆板学中医。

潘　人们说人到四十体质就下降，从中医角度怎么理解？

华　人过四十岁以后体质下降是符合自然规律的。这些问题古人都研究过。"人年四十而阴气自半也,起居衰也。"这是《内经》里记载的。到了四十即使没有什么损伤的话,体内的阴气已经打了折扣。比如说,"年五十,体重,耳目不聪明矣。年六十,阴痿,气大衰,九窍不利,下虚上实,涕泪俱出矣",这些都是正常的生理阶段性变化。

人体先天的东西是肾,因为在母体里面受精卵是父本和母本精华的结晶,养育在母体的子宫环境中,和父本母本的各项数值先天体质有密切关系,因此从胚芽到胚胎再到胎儿的生长发育的好与坏都要靠母亲体内营养的供给,这就是所谓的先天。所以先天是肾,后天靠脾胃的供养。为什么先天是肾?因为肾就是父母最精华的东西给你的。精子和卵子都是生殖系统所产生,生殖系统就是肾气的功能,包含了肾阴与肾阳,是生命的起源。一旦离开母体,分娩以后,就是靠后天的补充与供养而生长。产妇奶水多不多?断奶以后婴儿的营养合理不合理?就是通过脾胃的消化吸收所提供。先天的是肾气,后天的是脾胃之气和清气。清气就是自然界的氧气,是食物的水谷之气。对婴儿而言,呼吸和消化是重要的两大系统,胎儿在母体子宫里是没有呼吸的,所以胎儿的肺是收缩的。一旦离开母体,肺一定要马上张开,一声啼哭就是呼吸的开始。婴儿如果不哭就打屁股,敲打以后肺张开了,如果不张开那就窒息了。胎儿在水里淹不死的,它天生是喜水的,在羊水里生活。肺一旦打开,就回不去了。在水下分娩,胎儿从羊水过渡到外面的自然水,在水里是不会淹死的。但如果浮出水面,呼吸到空气以后就发生了变化。所以人类对水的亲密是与生俱来的,人类的进化与高级哺乳动物如海豚有相当大的关系。人究竟怎么进化来的还是一个谜。如果单单靠化学分析的话,人体内的体液主要有钾与钠两个元素。生命过程中,钾和钠怎么在细胞内外转换,国外学者研究报告说和海豚相似。猴子并没有这些转换,猴子眼泪都没有,海豚有眼泪。海豚的皮肤很光滑,人类的皮肤也是光滑的,但猴子全身都是毛。所以,猿人进化学说还是值得研究的。(笑)

中医的诊疗方法（下）

- 如果没有西方医学进入，中医也要发展的，只是进程快慢的问题，应该是符合自身发展规律的进步。
- 辨证施治的根据是「四诊八纲」。通过四诊来分析「八纲」，就是把全部的病分成八个方面：阴阳、寒热、表里、虚实。但是「八纲」中归根到底的是阴阳「两纲」，剩下的也离不开阴阳。
- 不治已病治未病，这就有关整体观念的问题。生、长、壮、老、已，这是人正常的生命过程。在这个生命规律中，怎样防止疾病的发生？发生疾病时对身体影响尽量降低，这就是有关如何保养、养生的话题。

潘 我们继续聊聊中医的诊疗。中医也有外科问题,包括骨伤、外科,这些方面您能给我们讲讲吗?

华 如果西医没有在1840年后传入中国的话,也就是说没有西医进入的话,我相信中医也要进步、也会发展的。华佗那个年代都能开刀了,给曹操开刀治疗头风病。扁鹊有起死回生之术,见齐桓公,见人知病。清代有一个医生叫王清任,他就研究过解剖。他的解剖不是找尸体来实验,而是到凌迟现场去看杀死的犯人,还到郊外荒坟野冢抛尸的地方去看老人或小孩的遗体,研究人的身体构造。如果针灸能够更深入地研究下去的话,针灸麻醉就是伟大的创造,这就是中医的进步。但是,到现在针灸麻醉还不成熟,只有个例。美国尼克松访华以后,由于记者的传播,所以国际社会开始认识中医,现在国外只有中医针灸医生的身份,中医药还没有得到应有的认同。在美国,中医医生只能拿到针灸医生的执照,以针灸医生的身份才可以诊病开药。

潘 好像最近几年有些中药在国外被禁止使用?

华 十多年来,有几次中药引起国际社会风波。若干年前,龙胆泻肝丸或者龙胆草引起肝中毒,还有一个广木通的肾中毒,后来又出现了马兜铃酸的中毒。这个只能说明不规范的用法引起。这几件事在世界上的反响很大,造成舆论对中医的排斥与打压,认为中药是有毒的。事实上,中药中有毒性的药很多,要规范使用,剂量、配伍都是有规定的。龙胆草引起肝中毒情况,是有医生为病人美容、减肥,长期大量用龙胆泻肝丸成药。这个主要用来治疗肝火旺和湿热重。用对了效果好,但不能长期用。但是,这个所谓的美容医生给病人用了很长时间,所以产生了患者的肝中毒,属于典型的不正规的医生和不正规的用法。

木通、广木通是有毒性的中药，所以用时一般在3~6克之间，且有合理的配伍，因为有毒。学医的时候都要知晓的，3克相当于以前的1钱。现在有的医生超常规使用，或者让患者服用时间过长。不是根据木通的药性来用，过量过时，甚至以西药的方法来用，所以才会出现问题，这是最大的弊病所在。

改革开放以后，到国外去的中医医生很多，他们以中医的名目在外面开业谋生。其中有一部分是西学中的或者是中西结合的医生，就都成为大陆来的中医医生。即便是美国这么开放的社会，也只有一部分州允许中医针灸师能够行医，属于非药物治疗，中医的药物治疗还得不到承认，还不能进入医疗保险体系。这就影响了医生的生存环境，他们的市场较大部分还是在国外的华人社会中。当然，这些医生也一直为中医立法斗争，为中医在国外合法性努力着。

潘 您再介绍一下中医外科的骨伤、妇科、儿科等方面的情况？

华 骨伤的发展是从北方外来传入中原的。宋朝以后，元朝是马上得天下，骑马人损伤比较多，他们也有民族医学。比如，西藏的藏医、新疆的维医、蒙古的蒙医也是很有特点的民族医学体系，但是没有像汉医这么广泛。骨伤是从蒙医传过来的，他们骨折的情况比较多。接骨讲究手法，通过包扎固定，能让伤骨复位。如果破皮的话，我们叫开放性骨折，问题就要复杂一些。不破皮、闭合型的就要靠熟练的技巧来触摸、来感知。用手摸出怎么断的，有的横断，有的斜断。中医伤骨科主要讲究手法，比如，怎么复位，外面敷什么药，要注意的方面，有些药是消炎消肿的，有些药是促进骨骼生长的。骨折后固定起来，三个月到半年后就慢慢长好了。骨头本身有自愈能力，主要是要对合得好，对今后的功能恢复十分重要。中医伤科借鉴现代的手术开刀技术，原来的手法复位固定应用越来越少，大部分采取开刀的方法。这里有很多因素，如医疗技术因素和老百姓的要求。中医骨伤科的特色和手法在消退变化中。

苏州有名的伤骨科就是昆山闵氏伤科，保留了一些不需开刀固定复位的技术，这已经成为非物质文化遗产项目。

潘 华老，我们再聊聊中医妇科。这个科好像被"老军医"把名气弄坏了？

华 妇科面对的女性是人口中间很大的一部分。女性的病是有特点的，表现在"经""带""胎""产"这四个方面。内科疑难的病是"风""痨""臌""膈"四大症，儿科的病是"痧""痘""惊""疳"四大症；女性就是"经""带""胎""产"这四个主要方面，是女性一生中可能会发生的病症。妇科疾病与社会对女性的尊重也有关系。唐朝孙思邈所写的《千金要方》开首第一篇就是妇人篇，说明唐朝的时候对女性的尊重。扁鹊是名医，"过邯郸，闻贵妇人，即为带下医。"当时，邯郸这地方人们尊重妇女，扁鹊就做了带下医，就是做了妇科医生。扁鹊"随俗而变"，做儿科医生，也做过五官科医生。后世的医学著作当中也多有妇人篇，后来就独立分流出来为妇科。因为女性有"经""带""胎""产"这些特点，与其他的病况不一样，所以单独有妇科。每个女性一生中间都可能会经历这四个方面的问题。中医妇科就是对女性这四个方面的调养和治疗，这是女性的健康保障。

昆山的郑氏妇科就是有很长的历史，从宋代开始的八百多年以来已传承了31世。郑氏就是用一本医书来传给后人，书名叫《妇科万金方》。郑氏一代一代的子孙熟读医书，传承教诲，造福妇女，终成很有名望的世医之家，非常有特色。

苏州的儿科也很不错。阊门西街金氏儿科的金昭文就很有名。当时北京征调各地名医，他就是以儿科医生的身份去的。去北京时，儿科是金昭文，伤骨科是葛云彬，妇科则是钱伯煊。钱先生90多岁回到苏州休养，葛先生60多岁客死在北京，金昭文因病在北京一年多就回来了。钱伯煊故宅在临顿路悬桥巷，目前是控保建筑。他们都是20世纪50年代去的北京，当时北京成立中医研究院，选调各地专家。苏州的中医到外地去支援是很多的，苏州是吴门医派的发源地，儒医多，世医多，御医也多。

金氏儿科在苏州的影响很大。小儿的病不好治，小儿的发热变化又很快。反手复手，要求迅捷有效，能够马上解决问题。但是小儿的病又很简单，大多是感冒发烧引起的呼吸系统毛病，或者是消化不好引起的肠胃系统毛病。儿科四大病"痧""痘""惊""疳"中，"痧"是麻疹，"痘"就是水痘，"惊"就是发热时的惊厥，"疳"就是消化不良。

说到御医，老百姓耳熟能详的就是苏州的曹沧洲。他的故居在阊门西街，祠堂在西美巷。据说曹沧洲回来时带了个虚衔顶子，那是名誉的顶戴。民间有传说"三钱萝卜籽换个红顶子"，他是以一味萝卜子治愈了慈禧的消化不良病状盛名天下。苏州潘姓是名门望族，我知道潘家有一个潘霨，慈禧太后听政时期是朝廷名臣，而且懂医。他的家族后代在回忆文章中也提到潘霨曾经用萝卜籽治好慈禧的病，那么究竟是曹沧洲还是潘霨？需要确切的资料佐证，但这说明在苏州当时流行着名医治病的神奇民间传说。据说，曹沧洲曾用采芝斋的川贝糖治疗慈禧太后的咳嗽。因此，采芝斋的贝母糖曾作为贡品送到北京。

接待上海市原人大常委会主任叶公琦，右二为华润龄，右一为叶公琦

潘 中医讲究"四诊"（望、闻、问、切）、"八纲"（阴阳、寒热、表里、虚实），辨证施治，不治已病治未病，您能谈谈吗？

华 辨证施治的根据是"四诊八纲"。通过"四诊"和"八纲"辨证，来了解病的原因、现状和拟定治疗方案。"八纲"中归根到底是阴阳两纲，其余的六纲也离不开阴阳。通过"望闻问切"的方法，最后还是要分别归类到阴阳，把寒热、表里、虚实归类为阴还是阳。中医学说的阴阳是一切理论的基础，最难把握的就是阴阳，因为病人不是根据你的认知来变化的。病人的病况也不可能很典型，是阴或者阳。阴中有阳，阳中有阴，寒中有热，虚中有实，都是交叉夹杂变化的。作为医生把握度就十分重要，那就通过"四诊"这个方法、"八纲"这个归类确定病的基础，然后拟定药方治疗，不断调整，步步深入，最后达到痊愈。

中医的辨证基础还不能忘了整体观念。中医诊疗有两大原则：一个是辨证施治，另外一个是整体观念。中医看病从不孤立来看问题，像眼下的社会治理一样。只有综合治理，才能既治标又治本。中医是以人为本，不是以病为基础的。中医首先要看人，人都不在了还治什么病啊！以肿瘤治疗为例。如对肿瘤而言，你是对付肿瘤还是对待患肿瘤的人？肿瘤往往要手术、化疗、放疗，以及免疫治疗。但是病人吃得消还是吃不消，你的方案原则为一个月三次还是五次，而剂量一定要规范化,但是这个病人要是吃不消呢?治疗没有错,是有原则的,但当这些治疗影响到生命质量、危及生命时,皮之不存毛将焉附?对待病人,中医理解为首先保护有病的人,其次再讲病。几十年来,对肿瘤治疗的经验和教训也使现代医学认识到肿瘤是一个慢性病,是长期共存的病,现在开始关注到人与肿瘤的辨证关系了。我有一个患者是吴江同里镇的离休干部,他患了肾癌,肝肾功能都有损害,心血管也不好。来门诊上治疗已经十多年,开始两年服中药,后来几年用提高免疫的粉剂胶囊的药,即调理的药。数年来,他保持病情稳定,生活质量良好,多年来还完成了史志的编写工作。2016年底,他心血管有点问题,血压不稳定,后到上海瑞金医院住院,但病情每况愈下,人变得黑瘦黑瘦,都快认不出来了。服降血压的药同时还在服降血脂的药。他血压很低,110/70mmg左右,还在吃降血压的药,消瘦明显还在服降血脂的药。血脂过低,人这么瘦还要降什么血脂?最后是衰竭不治。这个病人后期一直在低血压、低脂的状态下不断地吃药。他最后常常说人有两个权利:一个是知情权,一个是自我保护权。他说我这两个全都没有,听医生的,听儿子的。非常可惜,这是一个很典型的案例和教训。

不治已病治未病,这是有关整体观念的问题。"生、长、壮、老、已"是人正常的生命过程。在这个生命规律中,怎样防止疾病的发生?发生疾病时对身体影响尽量降低,这就涉及有关如何保养、养生的话题。生命防护就是如何养生的问题。在养生与对付疾病时,不是强调对抗性的治疗,而是讲究保护性的方法。西医的治疗是对抗性的,都是依据实验室数据指标而处理的。《内经》开篇就讲道:"上古之人,其知道者,法于阴阳,和于术数。""饮食有节,起居有常,不妄作劳。"知道规律的人就应该顺应自然,饮食有节制,起居有规律,不过度劳作,可以"春秋度百岁乃去",这是正常人的状态。那么,中医调理与养生是为了防止一些疾病的出现,这就是"治未病"。这个未病不是没有病,是还没有发生病,但是已经存在疾病变化的基础条件了。疾病怎么来的?阴阳不平衡。阴阳不平衡怎么来的?因为生命是一个动态的过程,在这个过程中它无时无刻不在变化,人在生活和工作中受到的内外干扰因素很多、消耗很大,具体的表现就是在饮食、起居、劳作上面。过或者不及都会发生问题,人太安逸了要生病,劳累过度了也要生病,没有生活规律也会生病。《内经》就已经点拨明白了,我们祖先善于总结。中医治未病的手段就是望、闻、问、切。感觉你哪个器官、哪个组织有些偏差了,再以辨证施治纠偏补弊,通过纠正以后达到平衡。治未病就像新车的保养,不发生问题的话,为什么要去保养呢,就是要防止问题发生在途中或者发生重大的故障。

有一个老太太来看病,生了半年的病,一点力气都没有。一天到晚躺在床上,家人很照顾她。去了几次医院,西医检查都做过了,结果医生说"没有病"。我说你不舒服就是病,但这个病不是设备仪器上能反映出来的。问题就在于此。现代医学认识问题还是有局限的,没有发现不能就说没有病,没有发展到一个器官组织的病变不能说没有病,这个就是未病。中医的优势就是治未病。夏天有三伏贴,有的需要,有的不需要。现在人们都搞错了,似乎流行的东西大家都要去尝试。冬病夏治,你有冬病吗?冬病是冬天容易发作的一些慢性病。冬病都没有,为什么要去夏治呢?有些地方已经成为商业噱头。比如,女性在美容院有保养卵巢的方法,有去宫寒啊,很奇怪医学上还没有这些认识,中医都没有这样的说法。这些统统都是伪中医,败坏了传统中医的名声。很同情老百姓的无奈,但这是社会管理的问题,一言难尽。

漫谈中药的用法讲究

- 伊尹从一个烧菜好吃的厨师到最后成为宰相，此乃「治大国如烹小鲜」。所以我们医书里有本古籍就叫《伊尹汤液》，这是很早的一本关于医药的书。还有一本是托名神农的《神农本草经》。

- 中药是从食物中来的，而且是在经验中认识药的性质的。从了解药性开始，就开始分类了。根据药的药性，有寒、热、温、凉，这就是所谓的「四气」。还有「五味」，五味就是辛、甘、酸、苦、咸。「四气五味」是用药的医生必须要知道的。

- 以前药店都有鲜药，夏天更多。比如，芦根生长在太湖水岸边。药农早上天不亮就要采，然后马上送到各个药店去。

潘 华老,今天我们一起聊聊中医用药的讲究、使用方式和注意问题。

华 医与药是与生俱来的,有医就有药。我们应该说中医的初始阶段是用药开始的。医生必须知药懂药,知道每个药有什么作用。古人说:"药食同源"。药食同源的道理就是说先有食物再有药物。从原始社会开始,人们就在自然中生活,采集自然界的花草果实来充饥,为了生存接触到各种自然界的食物。经过反复验证甚至用生命做代价以后慢慢得出结论什么当食物吃、什么是要扬弃的。同时在使用食物的中间偶然发现什么是对病痛有作用的。自然界也有这种情况,动物的自然生态现象也给人启发。狗吃伤了胃以后就会去找稻草,吃稻草以后肠胃的问题就会慢慢地解决。乌龟被蛇咬伤了以后会去找薄荷吃,可以解毒疗伤,动物都有这些保护自身的方法。

有一部分西药最早都与食物相关。疟疾,俗称"打摆子",症状表现就是高烧。我看过一个资料,有一支欧洲的考察队在南美的森林里野外考察,因为长途疲劳工作,一个队员发烧了,情况很危急。大部队为了继续完成任务一路前行,这个队员被留了下来。因为发烧所以口渴,就要找水喝。他爬着找到了一个小水塘,立马就俯身喝水。没想到,两天以后发烧清退,身体慢慢好起来了。这是一个奇迹,证明了有些植物药物溶解在水里,喝了以后可以治病。再比如,国外发现有些猴子也会得一种病,症状为发烧、烦躁。它们下意识地去啃一种树的树皮,吃了树皮以后过几天就好了。这就引起了研究人员的观察,后来他们知道这个树是金鸡纳树,它的树皮可以治病。从这个树皮里提取的东西就叫金鸡纳霜,再后来合成的东西就是奎宁片。金鸡纳霜由西方人发明以后到清朝康熙年间作为贡品进入中国。康熙皇帝因病服用过这个药,是有记载的。康熙和江南织造曹寅关系很好,曹寅生疟疾病的时候，康熙就曾御赐金鸡纳霜给他治病。

到了20世纪60年代，人类对奎宁片的抗药性变强了。尤其表现在越南战场上，当地的越南人感染了疟疾，美国兵也感染了疟疾，而且死亡率很高。越南的胡志明主席就提出要中国研究抗疟疾的药。于是，中国成立了专家团队研究。屠呦呦教授的青蒿素研究就是从这时候开始的，国家把它作为一个任务下达给中国医科院，屠呦呦和她的团队开始去研究。首先要去查文献，文献里介绍哪个药有抗疟疾作用。这个团队的研究过程实际很长，至少有七八年的时间。经过了长期的探索和反复的研究、提成、实验、临床观察以后提取出了青蒿素，但是疗效不是太高，作用不可靠。屠呦呦就再回过头去看，进一步研究，查古代文献典籍，在葛洪的《肘后备急方》里有了发现，记载到青蒿治疗疟疾的作用和使用方法。青蒿不是煮了用的，而是新鲜的青蒿打汁服用的。屠呦呦团队开始的实验就是煮沸、提取，一直过不了关。在《肘后备急方》看到的记载原来古人是生用的，所以就认识到青蒿素需要低温提取，因此一下子就把青蒿素的药用提纯作用提高了。

药食是同源的。比如说，中医处方里的生姜老百姓也知道是祛寒温胃的。当你的胃痛确实是由受寒引起的或者是吃了生冷的东西引起的，那生姜汤肯定是有用的。生姜是食物，但是它也有药的作用。到现在为止，我们中药方里也常用到生姜三片、五片，不是炮制的而是生姜。老百姓可能认为是引子，但我们是作为药物来使用的。之前提到的《伤寒论》里用生姜治病的方子是很多的。在113方中占到39次之多。有的情况下会跟病人说明这个药方中要放3～5片生姜同煮，以提高疗效。

中药药物是从植物中间分离出来的，有记载神农尝百草、伊尹制汤液。伊尹是商汤王的宰相，他最早是一个厨师，因为他善于研究食物的烹制方法，所以他烧的菜特别好吃，甚至有养生的作用，得到了商王的欣赏。伊尹就从一个烧菜的厨师成为一代宰相，是"治大国如烹小鲜"的写照。所以医书里有一本古籍叫《伊尹汤液》，这是很早的一本关于中医药物的书。还有一部托名神农的《神农本草经》，一共收集了365味药，并把这365味药分为3个品类，即上品、中品、下品。上品是补益类，对人体没有不良影响，而是有保养作用的药。下品是有毒性副作用的药，主要是攻病疗疾的。中品在上品、下品之间，是一般常用治病的药。到后世药书就变多了，医生们有新的发明、新的认识或有经验以后都会记载成文编书。古人写书没有现代人这样的张扬。现代人写书唯恐天下不知，千方百计要告诉别人我在做这项工作了,不管是自己的发现还是别人的结果,就急于成书。以前人写书不是这样的,是把他认为有用的东西、自己经历觉悟的知识总结下来,也不一定马上刻板,而是撰成稿本,同行间、朋友中或借读或传抄,放一放,时机成熟时才雕版印行。一代一代传下来,刻书的数量也不会多。尤其是宋以前的纸质古籍留存得不多,受制于保存条件,散失湮灭的不少。刻板的书在流传的过程中就有医家去学习关注。医家们都有自己的经验和认识,所以历代以来就有很多的注释本。古书中大部分是"述而不作",后世的人们不断地再加工,出现各种形式的文献古籍,也有很多内容上的增补。因此,在中国古典书籍中医籍的比例是相当大的,医书内容比较丰富,很多经典医书到后来版本流传很多。有人就在书籍版本中去研究;我们做临床的人就从医与药方面研究得比较多。

潘　苏州地区的中药发展情况怎么样?

华　医术在历史上是道家先掌握的。道家注重养生、崇尚自然,在民间活动的能力很大,往往掌握了一些治病养生的方法。道家在布道的过程中如果遇到病人也会提供一些治疗方法。道医是中国最早出现的一个医生形态。《吴中名医录》记载周朝时的沈羲和三国时代负局先生都是学道懂医的人,负局先生在民间活动的时候就用一把草药治好病人,很神奇。茅山道家陶弘景的《名医别录》《本草经集注》这两

为灵岩山寺明学大和尚(2016年圆寂)诊病

部书也是很有影响的。

后期人们可以看到的药书很多,研究药的医家也很多。在这个过程中,不同地域如云南、贵州、广西等地记载下来的地产药物的药书有很多特点。因为那里地处山林僻壤,医疗条件差,但有很多特色的草药。苏州这个地方唐宋以后发展很快,到明清是昌盛时期,文化背景强,经济水平高,文人、士大夫多。"儒士通医",文人中间分流出来一部分医家,促进了吴门医派的发展。在明清期间遇到了温热病的发生,于是在吴中地区有了温病学派的诞生。

苏州地区也有很多草药,西部的山林地区都有草药,农田中也有草药生长。天然的山林里植物的品种比田里的品种多得多。苏州当时还有以"小草药、小花果、小动物、小矿物"盛名于世的四小药材。20世纪50—70年代,苏州还有药材站经营中药材,曾组织考察过苏州西部山区药材资源。苏州现存的草药种类大约有四五百种,而且苏州的地产药还是有名气的。苏州的薄荷就是有名的苏薄荷,因为苏州的薄荷和其他同类的品种不一样,我们叫"龙脑薄荷",就是说明它质

苏薄荷(颜世和提供)

量上乘。关于龙脑薄荷，还有一些故事。它生长在很小的区域内，就是南门瑞光塔那边。以前那边是农村，有一个庙、一个塔，周围都是农田。瑞光塔附近农民种植的薄荷是苏薄荷，种植面积不大。因为瑞光塔接近南门，人民路的前身是护龙街，传说人民路就是龙身，龙头就是瑞光塔。所以瑞光塔附近就是龙脑这个部位，苏州的龙脑薄荷是质量最好的。我的朋友颜汝和先生是有相当造诣的园林工程师，他研究过龙脑薄荷，走访了很多地方，培育出了苏薄荷这个品种。他拍了两张照片给我，薄荷的梗是方茎，不是圆茎。而且它的茎像龙的身体一样扭曲上升。这是龙脑薄荷的特点，其他的薄荷就不这样了。颜先生对植物知识研究甚广，他考察了漳州水仙的祖先在太湖的三山岛。那边的水仙是在地上长的，是后人把三山岛的水仙迁移到了福建。苏州水仙历史在先，到了外地反而成为一个产业发展起来了。孩儿莲是珍贵名木，苏州地区存世极少，颜世和先生首先发现了东山雕花楼一株古孩儿莲，成为东山一景。孩儿莲开花无子，他花了十多年时间才培养出十多棵幼树。

除了龙脑薄荷，苏州的玫瑰也好，色香俱佳，被奉为上品。中药里面也要用玫瑰花，有活血、疏肝、调气的功用。以前苏州药店做花露品种蛮多，因为花露要采各种新鲜的花，我在中医博物馆工作的时候，有个药店的老人送来一本关于老药店花露的方单，其中记录有四十多种花露。制作花露叫吊花露，是蒸馏出来的芳香性挥发性物质。与窨花不一样，窨是两个不一样气味的物质封闭在一起，如茉莉花茶就是窨花茶叶。花露是新鲜的液体，有清新透发化湿的作用。精油和花露也不一样，精油是加工提纯过了。这个花露是喝的，直接饮用有疗效。

以前药店都有鲜药，夏天更多。比如说芦根，生长在太湖水岸边。药农天不亮就要采挖，然后当天早上送到各个药店去。芦根有生津清热、养胃清肺功用。芦根一可以取汁，二可以兑入煎药。

还有一个是石斛。那个时候石斛都种在石盆中，放在药店柜台上当作新鲜的药卖。枫斛的质量比较好，现在规模化种植，所以产量就变大了。

还有鲜佩兰，作用是芳香化湿、和胃醒脾。到了夏天以后，如果患者低烧不断、四肢无力、汗出不来，这种病人是由于湿困的原因，贪凉以后无法出汗，就需要佩兰来发散、化湿、透汗。另外还有鲜藿香。20世纪70年代有这种鲜药配付，我们处方用鲜藿佩，是藿香和佩兰一起用的。现在已经没有这种用法了，年轻医生不了解这种方法。如今苏州地产药材不多，非常可惜。目前有一种中成药的剂型叫藿香正气丸、藿香正气水,小孩三岁以下不能用,因为小儿剂量要严控的。为什么西药使用说明书要写很多文字,甚至几百个字,副作用与不良反应都要写上去,也是为了免责。

苏州的李良济药业发展得很好。李氏的父亲、爷爷辈都是采药的,就是药农,住在枫桥,近山边采药,有时也会采鲜药,采了药就卖到药店里或中医院。20世纪六七十年代,苏州中医医院的鲜药就是他们送过来的。天不亮,李氏父子半夜就要去采药,早上六点不到就送到医院去,确实很辛苦。中医医院八点开门,这些药就可以配上了,这是真正新鲜的东西。

潘 您刚才介绍了苏州四小药材,还有什么?

华 还有吴茱萸。这个故事发生在春秋时期,吴王为了交好楚国,派人把茱萸作为贡品送到楚国,治好了楚王胃痛的老毛病。因为,此茱萸出在吴中地区,所以叫吴茱萸。

苏州花山药材资源品种比较多,盛产白芷。白芷是芳香化浊的,可以治疗鼻窦炎,胃痛的时候也可以用,有调气止痛的作用。因为白芷是芳香的,所以作用比较大。

潘 苏州以前药材集中的地方在哪里?

华 苏州曾经的药市街就是现在的学士街。宋代时就叫药市街,学士街是到明代大学士王鏊曾经居此的时候才改的。吴中药市早就名闻天下。在王鏊定居前,这里一直是著名的药材市场。据文献记载,在宋朝时,这里上市的动植物药材就有九百多种。那时候,沿街的药材店铺林立,上好的苏薄荷、苏芡实、灯芯草、绿梅花、白梅花、蜡梅花、枇杷叶、陈皮、青皮、荷叶等四时特色药材琳琅满目。整整一条街都弥漫着药材的香气。人们开玩笑,要是患了小毛病,到这条街上走一走,说不定就会身康体健了。

当时的药材还是多集散于苏州的西边阊门那一带。那里有大运河,有船只往来,运输比较方便,历史上阊门比观前要热闹。观前是民国以后热闹起来的。历史上阊门比较繁荣,南北客流人,货物交易多,船舶的往来也比较便利,当时就有很多熟药铺和生药铺。生药铺就是药材产地收购集中起来,也叫药行。负责加工以后送到配服中药的药店就是熟药铺。

当时统计药店有一个堂号簿,苏州建城2500周年的时候出版过。比较有名气的就是观前街的王鸿翥、阊门外面的沐泰山、阊门里边的雷允上以及道前街上的童葆春。苏州的药铺很多，城门外面也有药铺，娄门、齐门都有药铺。每个商业繁荣的街上都有药铺，因为药铺是和老百姓生活密切相关的。而且药铺的经营是前店后坊形式，后坊运用炮制的方法加工，不但是精选，还要翻晒。有的洗炒，有的切片，有的磨细，有的打粉。以前学药的都是老药店当学徒过来的，都要学3年或5年。

西药是讲分子结构的。中药从植物中筛选出来，而且是在经验中认识药的性质。从了解药性开始，就开始分类了。根据药的药性，有寒、热、温、凉，这就是中药的"四气"。还有"五味"，五味就是"辛、甘、酸、苦、咸"。"四气五味"是用药的医生必须要知道的。比如说生姜，生姜就是辛、温，辛就有发散作用，温可以祛寒。吴茱萸是辛、热。热与温还有程度上的差别。"四气五味"是中医对病的阴阳变化采用的反治法。寒性的病用热性的药来治疗，热性的病用寒性的药来治疗。根据辨证以后来确定病人的寒、凉、温、热的程度有多大的差异。虽然中医没有西医化验数据量化的指标，但是在寒、热、温、凉上面也有层次的区别。这都是有辨证依据的，根据症状的收集与综合分析。比方说胃痛，有的人喜欢吃热的东西，凉的东西吃了不舒服；有的人喜欢吃烫的东西，那和吃热的东西也不一样；以反治法而用药，在温和热的不同性质上，是选择微温还是大热，这还是有区别的。五味就是根据每个药的口感不同。古人设定五味作用，辛是发散的，甘是补中的，苦是清热泻下的，酸是有收敛作用的，咸是有软坚消块和补肾的作用。这样"四气五味"搭配的话，这个药的性质就明白了。对每个药都需要进行研究，因为每个医生的经验不一样，从医经历不一样。发现药的特殊作用更为重要。就像我们之前讲到的甘草，当治疗过敏性咳嗽时也有用到甘草，就是看怎么配。慢性咳嗽、慢性咽炎引起的咳嗽在污染的环境中是一个很常见的病，而且是慢性的病，有一部分是因为饮食不当引起的。慢性咽炎不是炎症，而是过敏，过敏就和过敏源有关系。所以有的病人不知道，咳嗽了就认为是气管炎症，是感染了炎症，往往先入为主认为要服抗生素。慢性咽炎、慢性咳嗽服用抗生素是没有效果的，因为本质上它不是炎症。我治疗慢性咽炎引起的咳嗽比较有效，主要就掌握三个药，甘草是主药，一边加干姜起发散作用，一边加五味子，就是散跟收的关系。五味子是酸的，虽然它五味俱全，但是以酸为主。它收敛的作用和干姜发散的作用和在一起，再加上甘草，又散又收对控制过敏就有很好的作用。好像伸手打人的时候，这个拳头伸出去要打别人，但是你一伸出去力就不够了，你一定要收回来，收回来以后再伸出去就有力了。

很多道理都是相通的，武术也是这样。

潘 所以好的医生就是要研究药性，深通药理，再灵活使用，才会有奇效。

华 中药除了"四气五味"以外，还有升降浮沉。每个药都有看不见的药气。气有升有降的特点，在自然界都有升降的作用，在人体内亦如此。升和浮在一起，有升有浮；降和沉在一起，有沉有降。有人感觉胸闷，很难过，不舒畅，这个病在人体上焦的话，就可以用升浮提药，把他的气门打开，气道一通就会好一点。但是也有的人胃不舒服，连续嗳气，只升不降，这时就不能用升药了，用升药会让这个病情不断加重，应该用降和沉的药物，把这个气调下去，排气通畅，那么病情因排气就舒缓了。

还有一个问题是药物归经。这个药性是归心经、胃经的，还是归肝经、脾经的，在药性里面都有说明。医生选择的话会考虑四气五味、升降浮沉，还要考虑归经。患者身体里发生一些问题可能跟五脏有关系，五脏跟六腑有关系。要提高效果的话，就要偏向于选择归经的药。中药治疗作用与能否有效浓度准确地到达有病的部位或器官组织是有关系的，就好像西药靶向的药理一样。归经是古人研究过的药性内容，是基础研究的一部分，实际上是一个高层次的研究成果。

吴门医派的忧思

- 苏州中医用药有什么特点？轻、清、灵、透。这就是吴门医派温病学派的特色。
- 吴门医派的特色很多，世医多、儒医多、御医多和古籍多。
- 现在学中医要讲究文化，学中医的人是传统文化基础比较好的，或者是在中学里古文基础比较好的，而且要对中国文化有兴趣。
- 如果是理科出身的怎么学得好中医呢？这会有很大的差异。
- 如果把西医的观念用在中医上，这并不是中医；你还是看了化验单来开中药，这也不是道地的中医。

潘 华老,我们今天继续聊聊中药的使用。我听说中药组方配伍上讲究"君臣佐使",您能和我们谈谈吗?

华 君臣佐使就是学医时学的一个组方的原则。接诊病人以后要治疗、要组方。"理、法、方、药"中,理有了,法子有了,怎么写方子?处方时可以选择经典的方子,有时经典的方子可能对病人不完全适合,总是有一点加减。加减时要选择合适的药,把这个药结合进去,就组成一个新的方剂。如六味地黄丸的使用,如果有一个病人是符合六味地黄丸的症状,但是这个病人和六味地黄丸原始的组方还有些差别,所以还不能直接使用。病人生病不可能是对方子生病的(笑),没有那么现成的事,否则要医生干嘛。医生拟方子的时候,怎么拟一个符合病人的方子是很关键的。那么要有点加减,这个加减就是通过医生的"望闻问切"来了解,比如,要考虑阴虚方面有没有气滞的表现、有没有瘀血的表现,而且除了阴虚以外还有没有气虚的表现。主要因素在哪里?医生要考虑主要问题症结,这样君药就出来了。君药是主要的药,臣药是辅助的药,佐是反佐,避免作用太过的药,包括一些药引子,其实也就是归经导向的作用,使药能发挥作用到达器官组织。

中医讲究"医者,意也",有时可能会是对中医的误读。清代有一个关于叶天士的故事。有一个难产的妇女,别的医生处方子后,找到名医叶天士。叶天士就用原来的方子,并让家属捡了3片立秋后的梧桐落叶加进去,服了药以后妇女就顺利生产了。事后有人问叶天士加梧桐叶的缘故,叶天士说就取了"瓜熟蒂落"的意思。立秋那天的梧桐叶成熟了,就落下来了。这几片梧桐叶加进去似乎有催产的作用。这是民间的传说与附会。但是中医的"意"在,"医者,意也"就是这个道理。当然,治病基本的药理应该有的,不然方子就乱套了,所以叶天士有两句评价医生处方的话："假和平以藏拙，籍兼备而幸中。"意思是说，有的医生处方四平八稳，想藏匿自己拙劣粗陋的水平，有的医生处方头头是道，貌似完备无缺，实为胸中无数，希望得到偶尔侥幸的功效。每个医生看病都有不同的方子，风格迥异。有的喜欢多多益善，有的喜欢精简出奇。

潘 您怎么看中西医结合这个方向？

华 中医不能西化。当前中医的发展问题就出在西化上。我们这一代人也受到西化的影响，因为当今发展的主流是中西结合。有一位老中医是学中医出身，但是后来就搞西的一套了。1949年后他参加治疗血吸虫病，去康复医院工作过。他以后的工作就是以西医身份出现，他对西医有相当的研究。当年刚开始办中医医院的时候，中医看病有很多局限性，缺乏注射挂水的方法，就要西医来帮助。当时他就是帮助中医看病的辅助医生，是一个典型的中西结合医生。到了后期，又重新归队了，成为一个很有名望的老中医。在中医医院退休的医生不管是中医还是西医，坐到门诊上就是中医，年纪大了就是老中医（笑）。

潘 传统的中医培养就是从抄方子跟师学起的。

华 是的。所以说侍诊抄方子是一个必需的过程。门诊上抄方时，通过理解、问疑的长期积累过程，才能融会贯通。再从试诊开始，逐步提高进步。这是一代一代相传下来的成熟方法。吴门医派的发展就存在问题，也就是要不要继承传统、怎样继承传统的问题。现在招聘来的医生都是五湖四海的，文化背景不完全相同，要完全融入吴门医派还要补一些课，只有这样才能保存吴医、壮大医派。

苏州中医用药有什么特点？轻、清、灵、透。这就是吴门医派温病学派的特色。

轻、清、灵、透的中医治疗方式是由苏州人的体质决定的。因为温病学派的源起在苏州，再加上对发热病的研究，所以我们用药，给体力劳动的人和不是体力劳动的人或者妇女是不一样的，剂量上要有区别。体质是比较壮实的，还是比较薄弱的，对药的反应和接受程度不一样。那这得依据医生的一个直觉。在吴门医派地区，所用药物都要是剂量不会太大的、比较清脱的、清新的；灵就是有灵气的、灵活的，选择的药物都是作用可靠的；透就是能够迅速透发、散发透达到位的药物，即使轻、清，也是有药力穿透的，要求三天、五天能解决问题。这个具体体现在吴门医派的温病特色当中。这是一个大的概念。但是苏州地区也有另外的流派，比如七子山顾氏擅治杂病，而无锡章氏外科用药就可能会不一样。

不同的医生处方风格也不一样。比如中医外科的朱老先生，他处方用药简单扼要,七八个药解决问题;有另外一个方老医生,其处方的风格完全不同,洋洋洒洒,一张方子用药二三十种是常规,但是都能解决问题。现在的情况是,中医医院应聘的医生有很大的流动性,五湖四海全国各地都有,有黑龙江的,有新疆的,有内蒙古的,处方风格千奇百态。

潘 听说学中医都要背《汤头歌诀》?

华 《汤头歌诀》是一定要背的,包括中药和药方。中医学院开的课包括中药学、方剂学这两门课,学生学医都要背。《汤头歌诀》是清代汪切庵(名昂,字切庵)编的,编这本书的目的就是把中药、药性、方子融在一起,通过歌诀吟诵的方法来加强记忆,便于熟练掌握,分为20类,用七言诗体表现。后世也有编歌诀的,清乾隆年间吴中人朱玥编了一部《本草诗笺》十卷,把每种药物的性味、功效和临床应用编成七言诗,这些都是通医的文人。

学中医要讲究传统文化,学中医的学生要求传统文化基础比较好,在中学里古文基础比较好的学生如对中国传统文化有兴趣,学中医一定能学得好。如果是偏爱理科的学生,学习中医就有些勉为其难了。当下中医大学所招学生往往是理

与中医前辈在一起,后排立者为华润龄

科生，他们并不适合医学，尤其中医学，中医应该归类于文科比较妥当。

潘 华老，听您讲了这么多的中医和中医相关知识，我也特别想了解目前苏州吴门医派的传承情况如何，今后中医发展之路怎么样呢？

华 现在都在讲振兴吴门医派，什么是吴门医派，特色是什么？我觉得，现在要复兴已经相当困难了。吴门医派的特色都没有搞清楚，特色在什么地方？20世纪90年代，我也参加过关于吴门医派的调研，走了一市六县，在各地开了好多座谈会，发现每个县（市）中医医院特色相同，伤骨科、针灸科、肛肠科在每个医院都一样，但做得都不是很好。伤骨科开刀的越来越多，针灸科的病种越来越少。因为以前中医很多内科、妇科病都可用针灸来治疗，胃病、结肠炎和一些神经系统方面的病都可以通过针灸来治疗。现在针灸热门是伏针，夏天伏针治关节痛和部分慢性病，还保留了中风后遗症的康复理疗。肛肠科确实是中医的特色，但是也用开刀，西医不屑于做的小手术就扔给中医医院做了，传统特色优势消亡了。

那么，今天怎么来理解吴门医派？我认为它是地域性的、有特色的医学流派，首先是地域性的，其次是有特色的，而且有能够形成一个学派的能量。地域就是吴文化中心这个地域，吴门医派的特色很多，世医多、儒医多、御医多和古籍多。可惜，现在的情况就不一样了。你能守得住吴门吗？吴门中医有世代相传的特点，是在这个环境里成长的，是相对封闭的，所以能够有特色。现在要开放，开放以后怎么来守住？今年（2017）医院要退休二十几个医生。这批医生退休以后余下都是最近十几年以来公开招聘的，学历比较整齐，学历层次也比较高，来自五湖四海。这批医生的文化背景不同，能否融入吴门，还要持观望态度。我的理解是，医生一定要有生活经验，要熟悉当地文化，要了解地方习俗。如果这个医生生活经验不丰富的话，做中医很难到位。西医我说不准，但是中医一定是这样。中医文化反映了生活中得来的经验，和生活息息相关。吴门医派的医生都是从老百姓生活中出来的，老百姓养生都用中医的一些方法，很多中医常识大家都懂。怎样才能守住吴门，发扬特色？我认为当然要有开放的态度，但是只有守住吴门才能更开放。中医发展肯定要的，但不能是离题的发展。现在中西结合不是发展中医，最后可能会伤害了中医，这是一个很深刻的问题。何况现在很难一下子扭转回来。十年、二十年都是一瞬间，可能百年以后有人才会真正理解这些问题，才会真正来反思。也许我是杞人忧天，也许我是过虑了。但是，我是从心底里希望中医好，希望吴门医派按照传统的自身规律一代一代传下去，真正造福苏州百姓、造福社会。

潘 如果按照您这样看，那么纯粹的中医会不会变成小众？

华 当下传统中医已经变成了小众，变成小众确实很悲哀。拿中医和古琴比有什么区别，和昆曲有什么区别？古琴和昆曲都是娱乐欣赏的东西，修身养性的。中医不一样，中医还在起保障人们健康的作用，是临床治病的学科，是应用的文化知识。昆曲、古琴可以保留小众，但是大众医疗的遗产变成小众就有问题了。

中医的背景是传统文化。我们的中国传统文化是早熟的文化，我们应该对祖先、对文化有所敬畏。中国文化是早熟的文化，中医是成熟的医学。不是说不要进步，现在对中医表达得很肤浅。所谓中医的进步，仅是用现代的语言来诠释中医的理论。我在中医研究所工作过，到现在我还在反思中医的科研做了些什么？通过现在具备的科研的方法、科研的数据来阐释中医有效的方子，来阐释这个理论的内涵？我想不用阐释，这个方子也存在，这个方子也在用，中医的科研就停留在这个层次。几十年来，中医的科研课题层出不穷，但80%以上的课题结题以后就束之高阁。

潘 华老，那么您理解的中医的创新和发展应该朝哪个方向走？

华 现在大家就在讨论这个问题。苏州市政府在讨论振兴"吴门医派"的方案。为什么这么多年了还要谈继承？因为没有继承好，才要继续做。中医的现状是把传统丢失太多了，现在学校里难以培养出真正的中医。学生毕业后还要规范培训三年，以前学习中医抄方三年就能看病了。读了这么多书还要从头规范培训中医学生，这难道不是教学方法的失落吗？说明继承得不够，方式、方法存在着问题。

"知我者，谓我心忧，不知我者，谓我何求？"我始终认为目前的中西结合伤害了中医。没有中西结合的影响，中医可能会发展得好一点。我套用一句话，现在的中西结合充其量是中西医结合的初级阶段罢了。

那么如何来发扬保障中医的医疗水平呢？这是现在中医发展最大的问题。现代中医这几年在某些方面尤其是硬件方面飞跃式发展，有些情况我们也不能否认，得到国家和地方政府的重视。但是中医的学术内涵与教学培养都存在着问题。表面上看，学中医的人数很多，中医医生也不少，老百姓很相信中医。实际上还有很多不尽如人意的地方。

现在中医大学毕业后的本科生或研究生有三年的规范培训，要重新回到临床上学习三年。如果跟随老中医好好地抄三年方，他可能可以看病了。但是本科生、研究生出来却不会看病，还要回炉重学，使人感到非常不理解。事实上，学生们在学校的五年里学了一些不中不西的知识。这与教材、师资、教学大纲的设置有

与中医同道在一起,中间者为华润龄

关,和中医发展的方式都有很大的关系,一言难尽。

在医院要带临床实习生,就是本科第五年的实习阶段。实习生各个科室都要轮转,很难体验到老师辨证施治、理法方药的临床治病过程,有的仅仅是观摩而已。这些年我曾带过几个学生,有一个昆山的洪刘和,本科毕业,40岁不到。他临床以后再来跟我学习。这时他的理解能力、专业思想都比较稳定了,目前学得很好,在当地也是小有名气,最主要的是他能按照传统的中医诊疗方式行医看病,路子没有走偏。所以学习中医后评价一个医生的医术好不好,要看他临床稳定不稳定。如果用西医的观念来用中医的药,这并不是中医;如果还是看了化验单来开中药,这个也不是中医。可是,这是当前中医的主流,现在临床有的就是这样做的。

传统中医话养生（上）

- 历朝历代养生的书籍很多，但是最经典的、最早的还是《黄帝内经》里面提到的「其知道者，法于阴阳，和于术数」，人就必须「食饮有节，起居有常，不妄作劳」。

- 我们提倡，春三月、夏三月应该晚卧早起，秋三月要早卧早起，冬三月要早卧晚起，这都是人体生理与自然规律相吻合的经验总结。

- 人生需要通过四时养生来接受阴阳之气的营养，也需要通过饮食养生来接受食物营养的补充。

潘　华老，提到中医就不能不提到养生。您做过中医医院调理养生科的主任，应该说是比较早地在苏州提倡中医养生的，能不能聊一聊这个方面的话题？

华　好的。苏州中医养生大规模推广应该是在2003年以后，全市搞养生应该说我是比较早的，当时是作为医院的任务去做的。当时开了调理养生科，社会对这个领域还不是太熟悉，所以我在博物馆同时就做调理养生科，那段时间有五六年时间里经常有媒体来找我谈养生。以至于后来有朋友劝我，你的出镜率太高了。按照我原来的性格我是不愿意多出头露面的，但后来出镜率为什么那么高？就是为了养生这个课题，因为当时社会不熟悉、不了解这个方面的知识，在那个时候就要去推动、普及。那时苏州的电视台、广播电台和《苏州日报》《姑苏晚报》《城市商报》《扬子晚报》《消费者报》都来采访报道，形成了一股养生文化热，当时那是新的东西。在医院里的调养科我也做了好多工作，都是为了推动和普及养生文化知识。

我的理解是，医院的调理养生科不仅是一个专科，它实际上是回归了中医传统的诊疗方法，所以我愿意去做这个事。这是回归，并不是新生事物。所以，我就乐意去做普及和推广。

潘　华老，那请你具体阐述一下中医传统的调理养生概念和基本的做法。

华　历朝历代养生的书籍很多，但是最经典的、最早的还是《黄帝内经》里面提到的，《上古天真论》开篇一段就提到了"其知道者，法于阴阳，和于术数"，人就是必须"食饮有节，起居有常，不妄作劳"，就是这三个层次的内容涵盖了养生的全部。

"食饮有节，起居有常，不妄作劳"，把养生基本的认识讲清楚了，知道这个道理的人就努力去掌握。食饮有节，就是饮食要有节制、要合理，维护好吸收与消耗的平衡，吃得多不一定是好事。当下口福不是福，口福抑或是祸。人体所需要的营养是有一定量的，过量和不足都会导致疾病，但目前的主要倾向是过量和不合理的饮食，如代谢障碍综合征等。起居有常，就是生活的作息时间很规律，自然规律，"日出而作，日入而息"。还有一句"不妄作劳"，就是不能过度劳累，现代人生活没有规律，劳累过度了，很多公司白领或者私营企业创业者都经常加班，我接触的病人里面就有这一类人。

具体来讲，养生的方法有很多，在我们现在这个文明社会里大家都比较注意养生的问题，而且都想了解如何运用操作。有的学习气功，有的通过精神心理养生，有的通过药物养生，还有的讲究饮食养生和生活起居的四时养生。养生这个问题应是由自己个人来选择的，而且由自己操作完成的。看病是医生跟病人合作的过程，养生就是自己独立进行的。通过自己的兴趣、爱好和具体条件来选择养生的方法，当然要选择最适合的。在这些养生方法中，饮食养生和四时养生是基础，这两个内容每一个人都离不开，和普通百姓密切相关的也就是四时养生和饮食养生这两个方面。

人落地以后就是生命的开始，一声啼哭打开了气门。生命来到人世以后就生活在天地之间、自然环境之中。以后生命的"生、长、壮、老"的过程中所有的生命活动都是通过以下两个方面来完成的：一个叫"食气"，一个叫"食物"。"食气"就是我们所讲的呼吸清气，也可以理解为呼吸人类必需的、天地之间的以氧气为主的空气。"食物"，就是饮食食物的营养和精华的一部分。"食气"也称作"采气"，采取天地之间的阴阳之气，来培育人体的阴阳之气。什么叫"阴"？什么叫"阳"？我们一般的理解是指传统文化中观察分析物质世界的方法。比如，白天的、温暖的是"阳"，黑夜的、寒冷的是"阴"。一年四季中，天地之间的阴阳之气不是一成不变的，每时每刻都在变化。而且在阴阳之气中，阳气是主导的，阴气是伴随的。从冬至开始，自然界的阳气就慢慢地生长，这个时候是阴气发展到极盛的时期。

此消彼长，冬至以后，阴气盛极而开始下降，阳气开始生长。我们都能体会到，冬至过后，白天一天比一天长。（冬至之前是白天一天比一天短）冬至以后到春三月和夏三月，阳气慢慢地从薄弱到强盛，气候也变得温暖起来。世间万物得到了阳气的滋润，茁壮生长，世间万物由阳气的温煦而春生夏长。到夏至日以后，正好和冬至日发生了相对的变化，阳气在夏至日是盛极而降的，开始慢慢地衰弱。从秋三月到冬三月，气候从温热到寒冷。一年四季里夏至日和冬至日这两个节点使阴阳之气有一个生长盛衰交替的过程。春夏是以阳气为主的，秋冬是以阴气为主的。人类在自然界中就要经历或阴或阳的过程，并由此来培育人体的阴阳之气。这也就是中医常提的"春夏养阳，秋冬养阴"的养生原则。人在自然界要最大限度地采纳天地间的阴阳之气来培育人体的阴阳之气，就要求人与自然的和谐互动。这个和谐就是要随着自然界阴阳之气的变化与天地之间的阴阳之气相呼应。这个呼应主要表达在人体的生活作息要做相应的调节。因为天地之间阴阳之气的生长带来了白昼黑夜的变化，而且在时间上有长短的变化，所以我们提倡春三月、夏三月应该晚卧早起，这两个季节白天长、夜晚短，睡觉要晚一点，起床要早一点。这样人体助育自己的阳气来呼应天地之间阴阳之气的变化。秋三月要早卧早起。秋天晚上的凉意是很重的，为了避免秋天晚上寒凉之气的侵犯，所以提倡早卧早起。冬三月要早卧晚起，因为冬天的白天短、夜晚长。人们出门锻炼不要太早，防止早晨寒冷的气候对人体的影响。太阳升起来的时候，出门比较适宜，这是四时养生中的年节律。

  因为有白天黑夜的变化，所以还有一个日节律的特点。白天是以阳气为主，黑夜是以阴气为主，人们为了保护、培育自己的阴阳之气，在一天之内也要与天体的变化来呼应和调节。古人说："阳气者，一日而主外，平旦人气始生，日中而阳气隆，日西而阳气已虚，气门乃闭。"在一天24小时中，阳气在白天是最充足的。在白天，人体内的阳气"一日而主外"，游离在人体表面。早上阳气开始生长，到中午的时候是阳气盛极的时候，太阳落山以后，阳气越来越虚弱了，一直到"气门闭"，伴随阳气的活动就减少了。在一天十二个时辰里有两个重要的时段，就是子时和午时。子时是晚上的十一点开始到一点左右，人体随着天体的变化，阴气盛极而降，阳气开始生长。阳气的初生之际要求人体处在安静休眠的状态下，这样对初生的阳气消耗较低，有助于培育积累起阳气的生长，积累阳气是为了应付第二天的活动，为了保证第二天有充足的精神。如果子时以后，阳气在初生的时候，人体仍在活动，比如工作或者娱乐，这些行为都会损伤阳气。这时的活动一方面损伤阳气，一方面影响了阳气的初生，对阳气的积累是不利的，所以第二天必然会出现精神萎靡、疲乏、神倦，这就是阳气不足或消耗过度的原因。午时是中午的十一点到下午的一点左右，这个时候是阴气慢慢生长、阳气慢慢走低的时候，我们工作的状态和效率也逐渐减弱，总是感到精力没有上午充足。到了傍晚以后应该引导人体进入休闲的状态，确保有良好的睡眠质量，而在休眠状态下人的心跳变慢、呼吸变浅，能量代谢消耗就大大减少，这就是培育阳气的准备阶段。如果黑夜来临之时还不能平静下来的话，可能就会出现烦躁、心神不宁等情况，就会影响到晚上的睡眠，甚至会造成失眠。阳在外，阴之使也；阴在内，阳之守也。因此，人体阴阳之气的盛衰与白天正常的工作和夜晚的休眠是有密切关系的。如果起得比较晚，在太阳升起的时候还没有起床，就错失了和自然界阳气呼应的机会，损失了培育阳气的机会，所以晚起不是一个好的生活习惯。

我们谈得比较多的慢性疲劳综合征，或称为亚健康状态，其早期出现的症状可能都是阴阳之气虚弱或不足的表现，比如说全身乏力、肌肉酸痛、疲劳以后难以恢复、头痛、精神不集中、烦躁等，这些阴阳之气虚弱的表现不一定能确定什么病，但人体是能感受得到的，工作的兴奋度下降，生活兴趣减低，生活质量下降。人们要保证健康，讲究生活质量，提高工作效率，就要去顺应四时的年节律、日节律，做出相应的互动变化，这是四时养生的根本，也就是天人相应的观念。人去应天，不是天来应人。

潘 听了您的介绍，我们对人体与自然相呼应有了认识，年节律与日节律都是要注意的，这是养生的大原则和大规律，这也暗合了太阳公转和地球自转的天体现象。那么除了这些以外，人的饮食有节是不是也要注意一些问题呢？

华 好的，下面谈一谈饮食养生。人生需要通过四时养生来接受阴阳之气的营养，也需要通过饮食养生来接受食物营养的补充。饮食养生是根据药食同源的原理以中医学的理论为指导，调配选择饮食的方法，是中国特色的营养学，有较强的应用性、实践性，而且十分生活化。日常生活中民间也自然地采用一些食物进行健康维护即养生。生姜除作为厨房里的调味品外，又可用来发散风寒、温胃止呕；山药有补脾健胃作用，炒菜吃，有补益肠胃功能；蜂蜜服用有润肠通便之功；白木耳可以养阴补肺……生活中许多食物可以作为饮食养生来选择，作用对人体是王道的，"王道无近功"渗透在日常生活中。

今天我们研究食物养生的方法是由食物的"四气五味"的性质来决定的。"四气"是食物的品性，指"寒、风、温、凉"。"五味"是食物的口味，指"辛、甘、酸、苦、咸"。这和中药的原则是一样的。因为食物有不同的品味，那么每一种食物势必对人体会有不同的作用和影响。食物的寒与凉程度上有不同，但都具有泻火、解毒、滋阴、清热的作用，可以用来纠正人的热性体质、治疗热性疾病、保护人体的体（津）液不被热邪消耗。西瓜性甘寒，可用来清暑除热，对发热、尿赤、便秘有作用；梨性甘凉，可用于肺热咳嗽，清肺除热；其他如茭白、蕨菜、田螺、黄瓜、香蕉……食物的温与热程度上有不同，或具有温通经络，或具有散寒助阳的作用，可以用来纠正人的寒性体质、治疗寒性疾病、扶助人体的阳气。生姜辛热，用于头痛、流涕的风寒性感冒有效果；辣椒性热，可以治疗受寒的胃炎或关节疾病、四肢冰凉等；其他如胡椒、大葱、韭菜等都有治疗效果。

潘　刚才说的是食物的"四气"，那么食物的"五味"呢？

华　食物的"五味"有"辛、甘、酸、苦、咸"不同口味，作用也不尽相同。

辛味具有发散、行气、活血功能。胡荽用来发散风寒，生萝卜用来行气，辣椒具有活血作用，往往可以用于受到风寒时的气血不流畅的情况。甘味具有滋补、润燥、缓解疼痛的作用。百合补肺滋阴，蜂蜜润燥通便，红糖缓解胃痛，红糖冲水喝有助于缓解痛经等，一般用于虚弱性体质。酸味具有止泻、止汗、减少小便次数的作用。山楂、石榴皮用来止泻，五味子止汗，木瓜减少小便次数，都可用于功能性慢性腹泻、体虚多汗的体质。苦味具有清热解毒、燥湿泻火的作用。苦瓜清热，芦荟泻火，多用于热性体质或热性病人。咸味具有消块软坚补肾的作用，海蜇可以清热化痰消块，淡盐水有通便软坚泻下的作用，海参、淡菜都用来补肾。当我们了解了食物的"四气五味"后，就可以有选择性进行饮食养生的调配了。

潘　华老，请您再具体说一说中医药与调理养生的关系。

华　我们从天人相应的观点出发，懂得了人体阴阳之气的水平代表了人体的健康水平（免疫力），而且是依靠天地之间的阴阳之气来培养维护人体阴阳之气的重要性，对饮食养生的了解又认识到了人体健康保障的意义。

因为养生重在预防疾病、提升自身的免疫力，所以我要着重介绍一下关于中医治未病的重要思想。现代医药的检测手段只限于已病的阶段，在疾病成形定局的阶段才发现问题、承认问题。但要从未病之时首先是要在未病阶段就能够认识它，这就是认识"证"的水平，有"预见性"，见微知著，能在无证中认识这才称得上"上工"。古人说："上工治未病，中工治欲病，下工治已病。"一般情况下，我们可以将人的健康状态分为正常态、亚健康态和病态，也就是未病、欲病、已病的三种状况。

首先是应用调节恒动观来做到上工治未病。

目前的治疗方法大都停留在治已病的层面上,已经产生了疾病才急于找医院检查、治疗,这种在已经出现疾病的时候才去寻求治疗的方法忽略了生病的过程。实际上人的健康水平一直处于动态的平衡调节状态中,即在"健康与疾病"的两种状态的互相转化过程中。动态变化表现在如血压检测的动态情况,血细胞的检测数据有变化而且有时变化较大。在人的健康水平上平衡是相对的,不平衡是绝对的,由于平衡的动态性变化在设备仪器检测时不应以一次结果作为结论。有一位女性病人检测血液时血小板计数指标高达45万,为可疑血小板增多症;医嘱住院治疗,她抱有很大的疑虑,没有经过任何治疗,一周后来我处复查却在正常范围内。某年的除夕前夜一位外地女孩在某院检查小便蛋白为三个加号,为可疑急性肾炎,医生开出住院通知单,焦急万分之下大年夜来我院复查却全部为阴性。一位男性病人血检白细胞达2万,为可疑白血病,数天后复查已在正常水平中。

所以,一切生理与病理的变化有动态的机理,人的生命活动是一个复杂的过程,要求根据检测与症状的一致性来加以分析。对人体阴阳平衡的状态要把握的是一个趋势——可能的发展趋势。医学实验室的检测仅仅是参考,要结合病人的实际情况以及医生认知的临床信息做出一个合理的、客观的判断。何况检测数据是一个公共标准,在体格检查中得到的数据可以看作是一个信息。

我们强调的治未病是指一部分还没有症状表现的病、一部分是目前医学水平或受到检测设备的局限没有能力发现的病。除工伤、车祸等一些突发性外因性疾病之外,所有一切内伤病都有一个渐渐变化的过程,但人们往往对病的过程知之甚少或者疏忽了,只是在疾病发作或突发时才有察觉。如果从中医的调节恒动观来评估和认识的话,根据"四诊八纲"、阴阳、气血等虚实变化的信息和医生的经验来分析,我们或许可以在发病之前主动地来纠偏补虚、调节好阴阳气血的偏差、维持好人体最佳的免疫平衡状态,这样往往可以避免一些疾病的发生。

其次是可以用阴阳平衡观来治欲病。

中医学是具有中国传统文化特色的医学,也是一个平衡医学。阴阳平衡水平贯穿于人生的全过程,生命活动的每时每刻是"阴平阳秘,精神乃治"。这就是健康状态。阴阳恒动观的原理、阴阳水平动态的变化说明,出现平衡是相对的,不平衡是绝对的。这个不平衡就是或阴或阳的某一方面的亏虚或不足。这样会出现自我调节能力的不健全和平衡的失调。这个是对内的,对身体内部的。对外呢,可能容易受到外界邪气(致病因子)的侵犯,发生一些疾病,所以中医讲"正气存内,邪不可干"。有正气就能抵抗邪气,如果有邪气侵犯的话,他的正气必定是虚弱的。"邪之所凑,其气必虚。"那么我们又怎么来理解阴阳平衡这个观念呢?如病人有心绞痛和心肌梗死病史,中医能够尽早介入的话,调理养生,有可能减少它的发病次数,甚至不发病。这个整体的调整过程就是一个平衡阴阳的观点,使人体处于一种相对阴阳平衡的持续状态下,使自己的机体有一个调节能力,避免或者缓解了一些可能发病的机会。这就是把欲病的情况控制到未病的阶段。

在现实生活中,中医的这个方法在有心脏病史的病人中间是广泛采用的。特别是年纪大的心脏病人可以用中医药调养的方法,使病情得到有效控制,这就是中医的优势所在。吃点药,把平衡调节好,使自己有调控的能力,就能避免发病或者少发病。在欲病的情况下,依据相关中医症状,来消除这些症状,达到平衡,这就是欲病时应用阴阳平衡观念的一个方法。

潘 华老,说到平衡观,中医里面有一个"冬病夏治"的说法近两年很流行,您对这个问题是怎么看待的?

华 冬病夏治,治什么?夏治的就是冬天容易发作的病,如气管炎、感冒、哮喘等冬季容易发生的病,这些病每年冬季都可能发生,我们放在夏天来治疗。有些情况下人体都有欲病的因素,这样通过冬病夏治使身体里的阴阳水平达到平衡。用平

华润龄退休后在中医门诊上

衡调节的原理，可以祛除病痛的侵害，重要的是提高了机体的免疫力。其实免疫力就体现了阴阳平衡水平，这是一个治标和治本结合的方法，是一个比较有效的方法。为什么肿瘤病人当检查出来的时候都是中晚期？这是人类的无奈。但是如果在身体里能够建立起一个免疫监督系统，就可以防止疾病的发生。这个免疫监督系统就是免疫调节，也就是中医的平衡调节的方法。

如果中医的阴阳平衡调节介入的话，可以调节病人的阴阳平衡水平、提高抗病的能力。比如乙肝病毒携带者，他就是一个欲病的状态。如果哪天免疫功能失调的话，他的肝损害症状就可能爆发出来，变成病毒性肝炎。从原则上来说，治疗病毒性肝炎就是免疫调节。这个免疫调节就是中医的阴阳平衡调节，目的是为了在体内建立起一个免疫监督系统，我们人体是需要这个系统来平衡的。按照中医的理论去运用中药是目前治疗乙肝病毒携带者或乙型肝炎患者比较好的方法，至少不会有药源性的问题发生。所谓中药的毒性往往是因为没有按照中医学理论去合理运用中药而造成的。

为什么有的人自己认为很健康，但是一夜之间脑中风发生了或者心脏病发作了，一夜之间痛风突发了？这种情况说明，所谓的健康不是绝对的健康，我们更应注意到阴阳平衡的意义。阴阳平衡调节在宏观上是起平衡调控的作用，在微观上它能消除一些疾病症状，从而提高生活质量。在生活中，我们可以发现一些老年性的疾病，如心脑血管病、骨关节疾病，以往这些都是年纪大了才发生的疾病，现在的年轻人都有发生。这是一个特点，就是老年性疾病的年轻化。同时中青年疾病的儿童化，如肥胖、早熟、小儿的颈椎病和高血压等。这和我们的生活方式有关系，广大人群机体的阴阳平衡出现了问题。

最后说一下整体辨证观治已病。

现在医药科学得到了长足的进步，疾病免疫机理得到了深入研究。当我们知道所有的疾病与免疫有关系以后，情况就变得复杂起来了，以前说到风湿性关节炎，都认为是受风受寒，现在看起来不是这么一回事，这是有关免疫机制的问题。比如，肝病和血液病都是与免疫相关的问题。胃病现代医学研究也是和免疫有关。普通的感冒大家都理解了是免疫低才会发生。这些疾病中70%以上都是慢性病，如果用中医药方法来参与治病是有较大优势的。因为中医的整体的辨证观念是一个有效的免疫功能调节的方法，刚才提到的"正气存内，邪不可干"就是这个意思。所以每个人的阴阳平衡水平的免疫系统需要不断调整、不断养护，"邪之所凑，其气必虚"，一旦正气出现虚亏的话，体内的薄弱环节和薄弱部位就会出现各种各样的病变发生。有的人会问，为什么我会生这个病？这表明免疫功能已出现紊乱或低下的情况。失去了平衡，如果心脏是薄弱的，就在心脏部位发病；如果肝脏是薄弱的，就在肝脏的部位发病。所以，发病是有一定偶然性的，但整体看却是长期失衡的结果。

我这里谈的整体辨证观念包含了机体的整体性协调，另外还包含了辨证的个体化特点。整体协调使之阴阳平衡包括了五脏的协调。比如哮喘，表面看来是肺脏的毛病，但是我们治疗起来是肺肾同治，这个肾是肾气，肺所表达的是一个发病的部位，肾才是气的根本。这把人体作为整体来对待。比如治疗支气管炎，我们是肺脾同治，支气管炎的痰多预示了脾为生痰之源，痰生出来是和脾胃的功能有关系的，肺里有痰只是表示了一个贮痰的部位，所以我们要肺脾同治来治疗支气管炎。又如，心脏病的治疗有时候是心胃同治，奚凤霖先生曾经也谈到过。因为在同一机体内五脏都有相关的因素，只有从整体观念出发进行治疗，才能增加它的合理性，提高疗效。比如荨麻疹，它是皮肤上的问题，这个时候我们用治内达外的方法，可能是脾虚、湿热，要用内治的方法来解决。现在青年人较多发病的青春痘早期都会用外治的方法去治疗，当外治没有解决好的时候才想到中医。这时可通过对内环境的偏差或湿热或痰浊或内分泌紊乱进行整体的调理而达到治愈。这些都体现了整体观念的问题。对于一些严重的血液病的治疗，在应用化疗药物的同时，我们运用中医治疗。可以发现通过中医治疗有几个优势：减少并发症的发生，特别是呼吸道的感染。减少血液病的反复性，使它走向稳定。降低化疗药物的毒副作用。有效地改善症状，提高生活质量。更加重要的就是延长了生存期。这就是中医介入的优势。治疗原理在阴阳气血方面入手，通过症状的改善与消失，促使病的好转与恢复。这是整体观念的体现。

潘 如果从辨证观念上看，也是有个体化的吧？

华 具体操作就是应用辨证方法体现治疗的个体化。辨证治疗对每一个人来说都是不相同的，它有个体化的特点。每个人的个体化的因素很多，比如说，遗传背景不同，家族中间有肿瘤史或者高血压史。其次是生活习性的不同，有不良的嗜好或者生活水平的优劣；或者是工作状况的不同，有压力，易紧张，工作环境不好。有些发病原因不同，有饮食引起的，有情绪引起的，或者有过度疲劳引起的。发病以后它的类型又不同，有急性的，有慢性的，有程度轻的，有程度重的。还有对药物的治疗反应不同,有的很敏感,有的抗药性很强。所以这些个体性的因素都是一个复杂的个体状态,针对这些情况,我们就要进行不同的辨证治疗,我们可以理解这是一种人性化的体现。最简单的比如感冒,感冒在流行期间可能是同一个病毒,但是到了不同人身上就会有不同的变化。有的感冒出现风热性的表现,有的出现风寒性的表现,这两种不同的情况我们就应该采取不同的方法。比如胃炎,有的是气滞的因素,有的是湿热的因素,有的是血淤的因素。同样是胃病,有时是与肝有关系的,我们叫肝胃不和,胀痛的特点比较明显;有的是和脾有关系的,叫脾胃不和,它就可能有吸收功能差的症状。所以就要根据每个人的个性特点来处理,每一次的辨证都应该有相应的不同的调节方法。即使是同一个病人,在每一个病情阶段,他的辨证调节也是不尽相同的。有时,可能有正气的虚弱程度不同,刚开始的时候抵抗力比较好,后期抵抗力差。也可能有病气的轻重程度,而且还有治疗以后的药物效果不同。所以说,我们对每一个人的处方都不会是相同的,一人一方,一法一方,这样不断地通过平衡调节,目的达到平衡,这就是整体辨证治疗的特点。

社会现实中,肿瘤疾病对人类健康的威胁是当务之急,人们往往谈癌色变,而且在医疗过程中又充满了无奈。从手术治疗、放射治疗进展到免疫治疗,希望寻找到一个突破口,但又不尽如人意。

在对肿瘤多元化的研究中,西医的细胞免疫学是主流。我们是否可以从中医的辨证思维出发,大胆设想来重新认识,机体中肿瘤低级原始细胞的增生、发展到发病是其毒性细胞在人类进化进程中没有扬弃的一部分,是人类与生俱来的长期寄生在人体中的不良组织。在人体正气的免疫监督条件下,往往存在休眠与静止状态。一旦人体免疫紊乱或失衡,其毒副作用的细胞复苏与生长在一定条件下就变得肆无忌惮,吞噬与破坏人体的组织器官,对人体造成了极大的伤害,影响人的生命,就产生了肿瘤疾病。

现代治疗方法上存在着肿瘤细胞的灭绝论、排斥论,在肿瘤细胞和治疗手段的双重打击下,人体免疫力每况愈下,生命机体在太多不确定因素中生存率为之下降,最终导致生命的消亡,残酷的现实呼唤着医学的觉醒。

近年来,认为肿瘤是慢性疾病的认识是医学走向成熟的一种表现。应用治疗的有限打击更应该注重自身免疫功能的调整和监督机制的重建,这样对人类可能是一个福音。

中医学充满了调节衡动观、阴阳平衡观、辨证整体观的特色,成熟的扶正达邪的方法也就表现得越显合理和可靠,这也是建立在传统中医学基础认识上的发挥。在今后的肿瘤治疗上,我希望看到中医工作者矫健的身影,这也可能就是创新的曙光。

潘 刚才提到了夏病冬治,近两年的膏滋药方法很是火爆,您怎么看待这个情况?

华 冬令膏滋现在是一个热门话题,中医院在这方面做了很多的工作。冬令膏滋的原理就是,在天地之间,在一年四季四时的养生过程中,人体的生命过程在夏秋季以后能量消耗是比较大的,能量消耗比较大就需要补充,天气转凉以后,食欲也会提高,对食物的吸收比夏季好,生命代谢消耗降低。根据这些特点,把进补放在冬令,阳气比较收敛,容易把能量储备起来。能量储备是为了明年春天以后生长健旺的需要。在自然界,人和花木一样,为什么花木落叶以后果农还要在冬天施基肥?这个基肥和我们冬令进补的原理是一样的,是一个最有效地对身体健康的调理方法。冬令膏滋里面贯穿了调节恒动观、阴阳平衡观、整体辨证观,所以冬令膏滋的配方是一个比较合理的、全面考量的方法,对大部分人来说是适宜的。对于健康的人维持动态的平衡,对亚健康的人起到调节平衡;对体弱的人和老人的养生调理可以滋养改善衰弱的情况;对于有慢性疾病的人通过纠偏补虚,可以达到事半功倍的效果。进补是要通过医生的辨证分析,而不是盲目地去买保健品。而且通常是找对自己病情或身体健康比较了解的自己信任的医生,有的情况下请中医看病的有一家三代人,一家四代的也有,对家族的基本情况了如指掌,合理性就增强了。保健品是通用性的,膏滋药毕竟是个体化的。保健品因为是通用性的,所以疗效也仅是一般性的。膏滋药因为具有个体性,所以会有特殊的疗效。别人的膏滋药你是不能随便吃的。保健品的选择盲目性较大,而膏滋药的应用就显得比较可靠了。

冬令膏滋药是冬至开始吃而立春前要结束的,到六九头一天(立春)就结束了,就45天左右。膏滋服用是传统的方法,它有特定的意义和特定的使用时段。苏州地区讲究冬令膏滋,不可能是夏令、春令膏滋,即使是流浸膏的剂型,那也是以治病为主的膏剂而已,与冬令膏滋有本质上的不同。有的医生认为立冬就开始吃了,立冬到冬至还有两个节气,这就不对了。现在一些医疗机构把冬令的膏滋药作为产业在做,所以说它泛滥了。冬至是每年的十二月二十二号前后,很多机构在九月中下旬就开始开膏滋了,十月份就已经进入销售的高潮了。相差这么长的时间,节气未到,脉气未定,甚至九月份、十月份就开始吃膏滋,你说合理不合理?但它作为产业在做了,都在抢商机。这样虽然炒热了冬令滋补的原则思想,但无所谓冬令膏滋。

如果说膏滋药有"夏"病冬治的意义的话,那么穴位贴敷就是冬病夏治的最佳选择了。什么叫冬病?冬天发的病,在夏天进行治疗,体现了中医治未病的理念,夏天阳气盛,从入伏开始,三伏天是高潮,这样贴敷才是有效的。冬病夏治就是免疫调节。

冬病夏治、穴位贴敷的养生方法方兴未艾,越来越被百姓广泛接受。用中药做成膏药进行穴位贴敷最早是清代吴中医家张璐在《张氏医通》中提出的,他用白芥子等四味药磨成细末,然后贴敷。经过实验,他发现一部分病人通过穴位贴敷旧病宿疾第二年就治愈了,于是就有了所谓中药贴敷疗法。对药物研究、加工以后,贴敷在人体的穴位上面,可以通过刺激人体的穴位经络,调整阴阳,提高机体的免疫力,以达到防病、治病的目的。

穴位贴敷有哪些优势呢?第一,使用的药物是草药,对人体的刺激较小。第二,防病、治病,防治相结合,完全符合中医的治疗原理。第三,内病外治,有经络学说作为指导。第四,价钱比较低廉,副作用少。

传统中医话养生（下）

- 现代人一直在寻觅觅养生的东西，随便什么都敢吃。这个情况在现实中发生很多，因为他们没有医学常识。因为每个药都有每个药的特点，"四气五味"与每个病人的体质是否相配是一个很复杂的问题。
- 不存在一味药可以包打天下，也不存在一个丸药、一个方子可以包打天下。
- 食疗养生包括饮食养生和饮食治疗两个方面，简称食饮和食疗。它体现了"医食同源""药食同用"的中医观念。

潘 华老,就像您所说的,目前的百姓对养生有兴趣、很注重,但是有些方法不一定得当,可能会适得其反。

华 确实存在一些误区,现代人一直寻寻觅觅养生的东西,什么东西都敢吃,所以每年都有流行的东西推广出来。去年流行参三七粉,前年流行黄芪粉,再前年流行当归粉,再以前是各种不伦不类的保健品,这真是一个很可笑的现象。

潘 这个情况确实在现实中发生很多,百姓不懂,部分媒体和自媒体有的也不负责任地炒作中医文化。按照中医的标准,并非所有体质都适合服用参三七粉或者黄芪粉的啊!

华 老百姓不懂中医常识,而且在当今的时代又普遍追求滋补,推波助澜就是这样形成的。所以有人来问我,我有时候开玩笑就说我不懂。中医开始的时候可能有单味的草药,这是民间采集的,等到开始有了医学以后,就出现了小的复方,这些复方的出现是起一定疗效的,避免了副作用。我们通常吃的中药,比如说黄芪建中汤,用五味药组成,我们不说吃黄芪起作用,或者吃甘草起作用,或者吃桂枝起作用,而吃的是这五个药煎制复合以后的药。

有些人知道当归是补血的,不管张三李四都在补;有些人觉得黄芪是补气的,不管王五赵六都在补。中医最要紧的就是辨证论治,因为每个药都有每个药的特点,"四气五味"与每个病人的体质是否相配是一个复杂的问题,有的时候看病和做数学题是一样,步骤是一步一步推算的,不是一下就推算到位的。你说气虚,气虚以外有没有血虚啊,血虚以外有没有阴虚啊,阴虚以外有没有痰浊、湿热啊?这样一来的话就不能简单地用一味药或黄芪或当归了。现在反而把这些严肃的问题通俗化，随便什么人都敢吃。今年很奇怪，又推出了一个大家都在吃的蒲公英。我估计有推手在做这些事，蒲公英是苦寒的，有清热解毒的作用，身体里边有多少毒要解，有没有热需要清，而且苦寒的药胃能不能承受得了？怎么敢乱吃？不能等到发生问题了，才反应过来自己是不能吃蒲公英的，那你已经付出代价了。所以我们老百姓太可怜了，都是拿自己的身体去试验这个过程，这是不应该试的呀，医生从来没有这么推广过。

有的单味中草药也有治疗效果，如针对肝胆疾病，有的医生推荐金钱草，可以煎服。但医生先要看病人能不能适用，如果是湿热的情况下可以用，所以每种药不是每个人都可以使用的。很奇怪，每年都会有这样说不清的东西很火，打着中医的旗号在老百姓中口口相传，到最后就可能会出现一个悖论，中医是害人的东西，那实在是中医代人受过啊。

中医临床上不存在一味药可以包打天下，也不存在一个丸药、一个方子可以包打天下。以前我跟老师抄方时，觉得每张方子都有用，都要抄下来。可学了八年、十年中医以后，我发现方子可能都没用。为什么？因为中医是讲变化的，你不能把这个方子直接给病人用。学习中医就是要研究方子，就要研究老师怎么组方的、指导思想是什么、辨症的要点是什么、辨症以后用哪几种药、药又是怎么配伍的，这就有好多问题。如果这些问题掌握好了，就掌握了理。这个理就是"理法方药"的理，理有了，法就有了；法有了，方和药就有了。这是一气贯通的。

潘 其实对很多中老年人来讲，养生追求除了吃滋补品以外，应讲究饮食的养生。中国古代讲究"药食同源"，这个方面您有哪些深入的研究和合理的建议呢？

华 饮食养生，简称"食养"，是一个非常大的话题。中医认为的饮食养生是指应用适当的食物摄护养生，达到强身防病、健体益寿的目的。比如说，胡桃可以聪耳，枸杞可以明目，桑葚可以乌发，龙眼可以安神，以提高人体的健康素质和生存质量。

《黄帝内经》说道："其知道者，法于阴阳，和于术数"，"食饮有节，起居有常，不妄作劳，故能形与神俱，而尽终天年"。"生、长、壮、老、已"是人类生命的自然规律。人的寿命除与先天禀赋有关以外，则和后天的养生有密切关系。孙思邈在《备急千金要方·食治》中说道："安身之本，必资于食，不知食宜者，不足以生存也"。所以饮食养生是基本的养生方法。"高年之人，真气耗竭，五脏衰弱，全赖饮食以资气血。"老年人的五脏日趋衰弱，整个机体的代谢机能和抗病免疫能力亦都在逐渐减退，为此，老年人更加需要根据"精不足者，补之以味"的原则去选择适当的食物，进行有益的、可靠的养生保健。这应喻了"民以食为天"。

我们的祖先在对食物进行寻求、选择、改进的过程是一个自然的优化过程。原始人饥不择食、茹毛饮血，在渔猎时得到的植物、小动物作为初始的食物以求生存。然而有时生食对人体有影响，会发生呕吐、腹泻或者营养不完整的后果，在先人"燧人氏"发现利用火以后，原始人开始炮生制熟，逐渐地认识到熟食对人体的有益作用，这减少了疾病的发生，同时也扩大了食物的来源，增加了营养成分，增强了体质。经过无数次有意识或无意识的尝试，原始人发现了某些食物对人体病痛有缓解好转的作用，从寻找食物充饥到发现食物的治疗效果，形成了中药层面的药物。这就是药食同源的开端。

随着社会的进化，人们的生存质量要求提高，造就了对食物的加工方法的改进。人们对食物的滋味、营养、美食学的要求越来越高，甚至达到了十分讲究的程度，在这种情况下就产生了由饮食充饥到饮食养生以增强健康、延年益寿的漫长的历史发展过程。《淮南子·修务训》说："古者民茹草饮水，采树木之实，食蠃蚌之肉……"这是人类依赖饮食生存的基础。巴甫洛夫也说过："有了人类，就有了医疗活动。"这个医疗活动中就包括了饮食养生或治疗活动。我们可以这样说，人类从诞生开始，人们的活动就离不开饮食，同时就有了人类饮食养生的发现。

饮食养生活动是随着人类的诞生而产生的，并在人类发展史上走过了"生吞活剥""茹毛饮血"的阶段，从维持生存的需要开始，而后才有"药食同源""食物疗病"转化为"药物治病"的成果，只不过最初的饮食养生活动仅仅是原始的自然的形式而已。

潘 那中国古代医生怎么认识食物与药的关系呢？

华 这个历史很悠久了，有一个逐渐演变的过程。据《周礼·天官》记载，在当时的官方医政制度上也有专门设立的"食医"，它与"疾医""疡医""兽医"一起构成了周代医政制度的四大分科，食医"掌和王之六食、六饮、六膳、百馐、百酱、八珍之齐"。这是专事饮食养生的医生，不啻是世界上最早的营养师。

随着社会的推进，到了秦汉之际，社会生产力的提高促进了科学及文化发展。饮食养生从长期的实践经验中积累，经过理论总结，出现了初步的饮食养生理论基础，这一时期的《黄帝内经》《神农本草经》《伤寒论》等古医籍都有关食物的"四气五味""阴阳五行""五脏经络"作用的描述。而且《内经》在膳食结构上还提出了"五谷为养、五果为助、五畜为益、五菜为充、气味合而服之,以补精益气""谷肉果菜,食养尽之"的膳食理论,这在当今的中医饮食养生上仍有现实指导意义。

作为药物学著作,《神农本草经》也收载了不少养生食物,如大枣、枸杞、龙眼肉、赤小豆等,而且已从功效、主治、用法、服食法等方面详细叙述,其中作为上品的补养类药物中包括了一些养生食物。《伤寒论》是中医经典的临床医学著作,它已指出"凡饮食滋味,以养于生,食之有妨,反能为害"的原则。至今还在沿用的经典药方,如"当归生姜羊肉汤""猪肤汤""甘麦大枣汤"等,都可以被看作既是药物治疗又兼具饮食养生的良方。老师陈松龄先生就曾经给自己做过"猪肤汤"调养。

晋唐时期,饮食养生的实践和经验更丰富、更广泛。孙思邈的《千金方》中辟出专篇列为"食治"是对饮食养生的伟大贡献。他指出,"夫为医者,当须先洞晓病源,知其所犯,以食治之。食疗不愈,然后命药。"这对我们如何应用药物与利用饮食养生治病强身是一个启发。书中还对人们生活中因为营养缺乏而造成的疾病的养生饮食做出了描述,如:用海带、海藻等治疗瘿病(甲状腺病);对雀盲(夜盲症),选用猪肝进行治疗,开创了脏器疗法的先河。在宋元时期饮食养生方面的理论又得到了进一步发展,如陈直的《养老奉亲书》是一部有一定科学价值且影响较大的代表性著作。陈直认为,高年之人,真气耗竭,五脏衰弱,全赖饮食以资气血。若生冷无节,饥饱失宜,调停无度,动成疾患。他还指出,"凡老人有患,宜先以食治,食治未愈,然后命药。"以食治病,不伤脏腑,此即恰养老人之大法。书中汇集起食治良方162张,尤其是对老年人的饮食养生做出了重要贡献。同时期的膳食大师忽思慧的《饮膳正要》、王怀隐的《太平圣惠方》等书中也有大量有关饮食养生的内容收录,这是我们一笔丰厚的财富。

潘 看来古籍上的记载真的很多,古人是十分重视饮食养生的。那么到了明清以后呢,情况怎么样?

华 发展到明清时期,饮食养生学术内容已经日渐成熟,文献资料也很丰富,应当推崇的是清代曹庭栋的《老老恒言》,这是又一部重要的老年人饮食养生的专著。他主张老年人饮食养生以粥养方式为最佳,认为"粥能宜人,老年尤宜"。书中记载了粥谱一百余种,如莲肉粥、藕粥、胡桃粥、杏仁粥等,可供老年人饮食养生选用。

华润龄养生讲义手稿

　　这一时期有关著述颇多，涉及的饮食养生内容十分丰富，如明代高濂的《遵生八笺》、明代万全的《养生四要》、清代朱本中的《饮食须知》等，温病大师级人物叶天士存留医案中也有关于应用梨、海蜇退热愈病的记载。近人叶桔泉的《中药食疗与便方》是人们十分喜爱翻读的书，是一部以食物当作药物进行养生治病的实用性很强的专著。近年来，中医饮食养生逐步发展形成了独立的学科，在有效的研究中必将充实中医饮食养生的内涵，造福于人类。

潘　上面您介绍了很多书籍文献的记载，那么具体到食疗养生上，传统中医有哪些做法？

华　饮食养生包含了饮食养生和饮食治疗两个方面，简称食养和食疗。饮食养生是对正常体质的人而言，对不同体质、不同年龄、不同性别、不同季节和地域的人们采用不同的饮食养生的方法，从而达到防病、强身、健体、益寿的目的，如通过饮食养生达到聪耳、明目、乌发、养颜、益智、安神、壮阳等，对提高人体健康素质和生存质量具有重要意义，它是通过调整人体的气血、阴阳和脏腑功能来实现的。

而饮食治疗则是以疾病为研究对象，针对不同体质条件下的疾病通过饮食的方法来治疗，所以具有安全无毒、副作用小、简便易行、行之有效、易被人们认识和接受的特点。特别是在一些慢性疾病、老年性疾病等方面具有不可替代的治疗作用。汉代张仲景的《金匮要略》中提道："所食之味，有与病相宜，有与病为害，若得宜则益体，害则成疾，以此致危，例皆难疗。"唐代孙思邈又指出，"为医者，当晓病源，知其所犯，以食治之。食疗不愈，然后命药。"就是说，有一些以药物治疗为主的疾病也可应用饮食治疗的配合和补充，这是源于"医食同源""药食同用"观念，是中医学治疗疾病的特色之一。它是通过扶正祛邪的原理来实施的，这对老年人健康养生和对慢性疾病的调养都有实际效果。

潘　我们都知道民间生活中有"药补不如食补"的说法。现实中食补真的有那么大的作用吗？

华　这是指在没有疾病或者患病以后体质比较虚弱的时候需要用食物加强营养。在饮食养生的方法中主要采用了"食补"扶正的概念，是利用食物来补益人体的气血阴阳以及津液和肾精，主要用于正常人的日常饮食养生和虚弱病症的饮食治疗，通过"食补"来扶助正气，从而达到增强体质、抗衰延年的目的。在具体应用时权衡每个人的个体体质存在的气、血、阴、阳以及津液精偏虚的不同情况，采用相应的食补方法。比如，气虚体质的人在平衡饮食的基础上主要选用补气食物的方法。

饮食治疗所采用的是既可食用又有药用价值的食物，在烹调加工后制成食品，用于治疗疾病。比如，赤小豆鲤鱼汤用于利水消肿，当归生姜羊肉汤用于产妇产后腹痛等。但所有的饮食养生方法必须是以食用食物为前提，所有方法应以"食用"和"安全"为原则，这是一种寓医于食的方法，毕竟与任何一种治疗方法不同。饮食养生或饮食治疗都有一定的适用范围和效果，但不能看作是万能的而普遍应用或者任意夸大食养或食疗的作用。所以，我们应该实事求是，正确对待与选择应用食养和食疗方法。

潘　华老，谈到食补，您怎么看当今流行的食用保健品呢？

华　随着社会的进步、科技的发展和生活水平的提高，人们对养生保健越来越重视，对"补药"和"补品"的应用也日益高涨，人们希望通过"补药"与"补品"的应用达到防病祛病、抗衰防老、延年益寿的目的。在传统医学及朴素哲学的思维方式的影响下，人们在日常生活中对自身的一些异常表现有了诸如"肾虚""气血两虚""阴阳两虚"等虚证的认识，也正是因为这些虚证的存在，才导致人类疾病的产生或衰老，同时也认识到针对这些虚证存在而设定了诸如"补肾""气血双补""阴阳两补"等补身祛病、延年抗衰的"补法"。

所谓"补品"，也即指在此认识基础上而产生的能够增强人类体质、补充营养能量、改善"虚弱"状态的食物或中药。"补"的方法应以中医基础理论为指导，以辨证施治为原则，通过每味补品的寒、热、温、凉四性及酸、苦、甘、辛、咸五味的调节，发挥补养人体阴阳气血、五脏六腑的作用。中医补法不同于西医营养疗法，它是取于自然、法于平衡、内容丰富、多姿多彩、有根据阴阳气血亏虚而设的补阴、补阳、补气、补血之"补"法，亦有根据脏器虚证特点而设的补心、补肝、补脾、补肺、补肾等"补"法，更有针对邪实对人体的影响而有祛邪扶正的纠偏类食物。

现代研究证实，正规的按照中医验方开具的补品大多能够延长细胞寿命和生物生存时间，从而具有延缓衰老的作用，增强内分泌和呼吸、消化、造血功能，改善机体代谢和内环境，补充微量元素，从而使人体精力充沛、功能健全、活力增加，能够提高细胞免疫和体液免疫功能，从而有利于防病治病、监控癌细胞的变异、预防癌症及传染病的发展。

这些补益食品大多能够提供人体必需的蛋白质、脂肪、碳水化合物、维生素、无机盐、微量元素等营养物质，从而具有较好的增强体质、恢复平衡、补养脏器、维持健康的作用。

但是，老百姓要警惕那些没有国家正规审批文号、夸大宣传效果、声称包治多病的保健食品和补品。最好是到专业的医疗机构去找正规的医生，通过把脉问诊，根据个人身体实际来选择适合自己的补品。

潘 我们聊了很多的中老年保健和养生。对儿童来说，过敏性咳嗽是一个近年来常发的疾病。很多家长都深受其扰，这点上应该如何预防和保健呢？

华 对于小孩过敏的问题，有的多跟生活环境有关系，有的与过早地看医生用药受到干扰有关系，有的和生活中家长的疏忽有关系。所以不单单是环境一个原因造成的，如果出现这些问题，比如过敏性鼻炎、咳嗽、过敏性气管炎、皮肤过敏，中医一般是可以把握治疗的。

有朋友跟我说，他的小孙子三天两头送医院，流鼻涕、咳嗽、发热，总是不好，吃西药没有用，一筹莫展不知该如何办。我用一些中药加工成散剂，服用一段时间后就把这些问题基本控制了。一段时间不伤风感冒了，鼻子不塞了，鼻涕不流了，咳嗽好一点了，皮肤的痒也好一点了，现在这个方子已经调整成为一个有效的经验方了。

小孩过敏的问题说到底是免疫功能紊乱的因素造成的，依靠中医一般情况下都能解决。小孩咳嗽往往会引发呼吸道感染和发烧，孩子出生一个月、两个月就发烧了，家长看见发烧就很急，马上送医院。送到医院后，还是用抗生素，抗生素降不下来，再加激素。第一次用药以后，今后进医院的次数可能就会很频繁，感冒发生的概率更大了。因为他在免疫体系没有形成之前就让外来的干扰把他本身的体质弄得紊乱了。本来六个月以前，孩子是靠母体免疫功能的保护，但硬生生地把保护系统破坏了，而他自己的免疫系统还没建立起来，就在这个环境下无限制地恶性循环下去。凡是出生以后的小孩送医院的年龄越小，以后送医院的概率可能越大，造成了体质越来越差。出现这种问题以后家长又会想方设法地补，又出现了一个乱补的情况。现在经常听到小学里面一旦小孩感冒了，班级就要停课，一个小孩感冒其他小孩也接连感冒，家长都很恐慌。

从前古籍对小孩的发热都有过观察和记录。唐代孙思邈的《千金备要方》里边有记载，常熟医生王珪的《泰定养生主论》里边也有记载，隋唐时巢元方《诸病源候论》里都有记载。小孩有一种发热叫变蒸，每个小孩两岁以内都有可能出现。变蒸有九蒸十变，它是生长发育过程中的一个现象。所以，有时小孩发发热好了以后反而变聪明了。

潘 那么现在社会上打着养生旗号的刮痧、拔罐等和中医经络学有没有关系？

华 严格来说，中医的推拿和社会上的按摩是不一样的，推拿是有中医思想指导的，是有经络理论基础的，手法轻重缓急都有一些特殊的手法，如揉、滚、捏、点，有好多方法，跟外面技师的按摩是完全两回事。

以前美国有一部电影里面指责中医的刮痧，说刮多了以后会造成肌肉组织的损伤。刮痧是一个治疗方法。有的时候刮后青紫了，是皮下出血，所以国外的人认为皮下出血是损伤了组织。刮痧利用了经络的原理，刮痧刮背上，手法是舒缓的，有一定力道，达到效果。小孩刮痧过程中会大哭小叫，多动出汗以后就会起到退热的作用。

潘 那么有关拔火罐的所谓湿气重、背上颜色深有没有中医的道理？

华 看到拔罐下面有一点水就说湿气重,这并不可靠,因为随便拔到身体哪个地方都会有水气,可能会有青紫。拔罐是中医的手法,跟经络相关,是一种补充辅助治疗手段。

社会上有一些错误的消费理念,养生已经成为一些人赚钱的噱头,而不是真正的中医养生,却都打着中医的杏黄旗帜,实质是玷污了中医。

潘 现代人和古代人不一样,是否需要改变中医适应现代人?

华 大多数年轻人存在饮食问题、起居问题、劳作问题。我们还是要根据自然的规律,24小时还是这么转,春夏秋冬还是这么过,你不能说有了地暖的房子,就没有春夏秋冬了。我有朋友住了三年地暖的房子,他说感觉不舒服,恒温恒湿违背自然的规律,可能从深层次上让人自身免疫机制退化了。人的欲望高了,享受多了。所有的不是不安作劳,就是过于安逸,中医称为逸豫病,这也会是起病的因素。有的要半夜一两点钟睡觉,习惯了丰富多彩的夜生活。有些病的发生就与夜生活有关,所以你首先要调整自己的生活作息,其次再来用药。不会简单地迎合他,我要给他说明病的原因,如果不清楚这些源头,吃了药也效果不大。所以,医生和病人的关系就是医生帮助病人来解决问题,很多病都跟病人本人生活、饮食起居有关系。比如,心脏等出问题了,医生就是帮你来维护这个现状,缓解一些症状,不影响生活质量和工作,这就是最好的治疗效果。没有病的时候不注意,有了病以后恨不得马上把它排除掉,有时积重难返,悔之晚矣。

全国首家中医药博物馆的筹备

- 中医学界被称作杏林，这片老宅历经四百年，春晖不谢，再次蕴发了勃勃生机，相信苏州的中医传承必将绵延久远，杏林永沐春晖。
- 在苏州中医药博物馆的筹建过程中，社会各界都给予了极大的支持和帮助，无论是中医后人还是广大苏州市民都纷纷热烈响应，涌现了很多感人的捐赠事迹。
- 苏州中医药博物馆是我国第一家中医药博物馆。它主要陈列吴门医派的诊疗器具、医学典籍、中医药方面的各种实物、著名医家事迹及成就介绍，是深入吴中医学研究工作的重要载体和平台。

潘文龙 华老,您退休前还做了一件非常有意义的事,对苏州中医事业来说也是"功在当代,利在千秋"的好事,那就是奉命筹建苏州中医药博物馆,请您谈谈建馆的前后过程。

华润龄 这是我浸淫吴门医派多年的一个想法,当然也是多少中医前辈的夙愿。筹建那一年,我已经56岁了,快要退休了。当时的背景是这样的:在党和政府的关心和支持下,1956年在数家中医诊所的基础上成立苏州市中医医院,经过近50年的发展,已成为苏州市中医医疗、科研和教学的中心,成为全国示范中医医院。医院专业人才荟萃,技术精湛,力量也十分雄厚,在全国中医医院里也是名列前茅的,不但受到广大患者欢迎,还接受全国各地的专业人士来院进修学习,常常举行中医保健养生知识讲座等。当时,苏州市的中医学术研究已经有了苏州市中医研究所、苏州市中医学会和苏州中医学馆三大机构,但是缺少一个对外展示宣传吴门医派的形象直观的场所和平台,比如博物馆或者展览馆。

历史上,吴门医派因为有"吴中多名医、吴医多著述、温病学说倡自吴医"的特色,所以也留下了无数名人遗踪、旧居、墓葬、传说和故事、医学古籍、处方、诗文等,还有治疗工具、碑刻、药店等物质遗存。为了充分整理、发掘、研究、展示、利用、开发这些宝贵的中医药历史文化资源,很早以前就有先贤和有识之士呼吁筹建苏州市中医药博物馆。20世纪80年代后期,江苏省卫生厅原副厅长叶橘泉就提议捐出自己在西美巷的住宅,建立中医纪念馆;苏州市中医学会在组织编辑大型中医典丛书《吴中医集》的过程中发掘出大量吴中医学文献资料,因而多次建议苏州有关部门筹建吴中医学资料馆;市政协委员们也纷纷提议创建中医药博物馆。进入21世纪以来,吴中医学也进入了新的发展阶段,各个方面的条件都成熟

华润龄在中医药博物馆调养科坐诊

了,创建中医药博物馆适得其时。

  首先是选址问题。在苏州市中医医院的西侧,景德路黄鹂坊桥东面,有一处占地数亩的古宅群,原来是居民区,后来成为百货公司的仓库和办事处。随着苏州对古代建筑的控制、保护、开发、利用也日益受到重视,这块地方成了博物馆的首选之地。

  此处古建筑文脉基础比较好,原为明嘉靖年间苏州状元申时行故宅的遗址。

潘 申时行是苏州历史名人,明代当过内阁首辅。选址在这里是非常有意义的。

华 是的,申时行万历十一年入阁为首辅,执掌相印达九年之久。据记载,万历十九年(公元1591年)返归故里,在此地筑有蘧园,饮宴友朋,诗酒自慰,以度闲暇。后经四百余年沧桑变迁,物是人非,申家故宅先后归属阳山富商朱鸣虞、清代刑部侍郎蒋楫、乾隆年间状元毕沅、文渊阁大学士孙士毅和富商梁友松等。光绪二十年(公元1894年),珠宝商杨洪源成为新的主人,他将其主厅命名为"春晖堂"。

  中医学界被称作杏林,这片老宅历经四百年,春晖不谢,再次蕴发了勃勃生机,相信苏州的中医传承必将绵延久远,杏林永沐春晖。

  2001年5月,苏州市人民政府、苏州市卫生局和苏州市中医医院为弘扬吴门医派传统文化、振兴苏州中医药事业,决定正式筹建苏州市中医药博物馆。馆址设在哪里呢?经有关部门多次研究、反复论证,最后把目光聚焦在"春晖堂"。一是地理位置优越,紧邻中医医院,更主要的是百货公司对建馆工作的大力支持。卫生部门筹资500余万元,购下"春晖堂"主厅及其后楼厅的使用权,作为中医药博物馆馆址。筹建小组邀请了文管专家及有关方面对"春晖堂"修缮方案进行多次论证,最后通过招标形式由苏州香山一建集团公司依照"修旧如旧"的原则负责施工,苏州市文管会古建监理公司进行工程监理。前后历时十个月,苏州中医药博物馆项目于2002年7月竣工。修复后的"春晖堂"大厅面宽三间,左右抱楼,通宽25米,进深13米,气势极为轩敞,民间曾称之"百桌厅",意思是能放下一百张桌子的大厅。厅堂巨柱石础,扁作纹饰有山雾云和抱梁云图案,前设双翻轩,后设单翻轩,檩枋间有斗拱牌科五排。牌科间有福寿木纹图饰,风格浑厚,古朴凝重。庭院内有假山、水池、半亭、廊轩,花木扶疏,芭蕉摇曳,一派典型的苏州园林景象。

潘 这个中医药博物馆在中医界的地位怎么样?另外,在筹建过程中都有哪些感人的故事呢?

华 我们筹建的园林式苏州中医药博物馆是我国第一家中医药博物馆。它的建成向海内外展示了吴门医派博大精深的文化内涵,系统地回顾了吴中医学的历史成就和价值。它主要陈列吴门医派的诊疗器具、医学典籍、中医药方面的各种实物、著名医家事迹及成就介绍,是深入开展吴中医学研究工作的重要载体和平台。

在苏州中医药博物馆的筹建过程中,社会各界都给予了极大的支持和帮助,无论是中医后人还是广大苏州市民都纷纷热烈响应,涌现了很多感人的捐赠事迹:首先是本院的职工都心系博物馆,作为中医人都有一份难以割舍的情感。中医医院的总务科长钱永禔出身世医之家,听说要筹建博物馆,专门发动家族成员,共捐献中医古籍30多卷。他还捐出了珍藏多年的祖父——一代名医钱伯煊的旧物:有药罐、脉枕、挂号骨牌等9件老器物。中医医院第一任副院长、外科名医陈明善的后人捐出不少中医外科器具,其中一方名医的处方笺木章,这是吴中医家当年悬壶济世的珍贵见证。著名老中医郭寿恒捐出金针一套及照牌、古籍等;著名老中医陆颂文捐出55年前的沐泰山膏方单等。

吴中区西山镇退休教师费凤图专程赶往苏州向博物馆捐出珍贵的中医古籍,有《伤寒来苏集》《古方选注》《医方集解》《古今名医方论》《妇婴至宝》等53部,百余册古籍,很多都是珍本和善本。我们问他为何要捐书?他说:"我祖上几代中医，我不当医生，但应当支持中医事业，捐出更有意义。"原苏州电视大学退休教师祁兆珂骑着自行车特地赶到中医医院，把老伴陆湛正珍藏了40多年的50多本中医药古籍捐献给中医药博物馆，其中有光绪年间出版的《急救应验良方》《时病论》、1931年发行的《伤寒论》等47本线装本；《膏丸簿》《张千里夫子医案》等4本手抄本是陆湛正的老师——市中医院老中医程良士当年留下的，非常有价值。东山收藏家顾自立捐出一方少有的医生名章。还有来自西山的两个农民，一早来到医院等开门，捐了不少古籍和药罐，说是上辈做"赤脚郎中"时留下的。

苏州市民不仅信奉中医，更对中医文化怀有深厚的感情，无私地将自己家中珍藏的文物、中医药古籍、中医药治疗器具、照片、拓片等捐赠给中医药博物馆。这些让我在筹建过程中一直被深深感动，觉得肩上的担子更重了，一定要把中医药博物馆建设好、管理好。此外，陕西、上海、南京、成都、杭州等地的医史博物馆也纷纷伸出援助之手，给了我们很多无私的帮助。在社会各界的大力支持下，开馆时博物馆共收到各种捐品400多件。

溯源古今 博览中医

- 苏州中医药博物馆是全国首家中医药博物馆，拥有多项全国第一，每年都接待数万名观众参观。

- 博物馆的展馆布局以历史发展为纲，由图版、文物、书籍、场景复原等线索铺开，形象直观地反映了吴中医学各个历史时期中医药发展的概貌及成就。

- 很多医用旧物越来越少，按照现在的看法，已经属于具有收藏价值的文物了。

潘 记得我和您就在博物馆里喝过茶,当时那里还开着调养科门诊,您还是该科的主任。您还带我仔细参观过苏州市中医药博物馆,借此也想请您给大家介绍一下博物馆的展陈情况吧。

华 是啊,现在回过头看,都是十几年前的往事了。苏州中医药博物馆的展馆布局以历史发展为纲,由图版、文物、书籍、场景复原等线索铺开,形象直观地反映了吴中医学各个历史时期的中医药发展的概貌及成就。馆内陈列有线装中医古籍、中医药文化用品以及有关医药与名医的历史资料,还能看到民国期间老药铺的场景、中医诊室场景等。馆内主体设置有博物展厅,还有养生苑药铺、调养科门诊、养生保健茶室等几个部门。当时比较早地配备了多媒体导览系统。

馆内文物展示共分八个展厅陈列:第一展厅展示了中国医学的起源与发展历程,在隋唐以后中医学、药物学居当时世界领先地位。具体追溯了金元四大家的问世与清代温病学派的崛起,如何促进中医的学术发展。既然是全国首家中医药博物馆,这里先介绍几个全国第一。

中国历史上有关医事活动的最早文字记载是周代吴郡人沈羲能消灾治病。中国医学最早向海外传播的第一人是吴中僧人知聪于公元562年(南北朝时南陈天嘉二年)携《肘后备急方》《明堂经》等医书赴日传医。中国历史上的第一家医院在宋代平江图碑上,有"医院"字样的建筑物,是南宋宝庆元年(1225)设立。中国的第一份杂志类医学刊物是清乾隆年间(1792—1803)吴中名医唐大烈编著的《吴医汇讲》。中国第一部专治痨病的专著是元代吴中名医葛乾孙在元代至正年间(1348)所著的《十药神书》。中国第一部治急性发热性传染病专著是明末吴中名医吴又可在清顺治元年(1644)刻印的《瘟疫论》。国内唯一保存最完整的一套

中医药博物馆图

中医外科手术器械，原物属清代，共35件。

走进第二展厅，你可以了解到吴中医学的形成与发展。吴地早期医学以道家为主，是所谓的道医。唐代时出现御医，金元以后形成了"吴门医派"。明清时期，苏州中医处于鼎盛时期，吴中医学呈现"世医多、儒医多、著述多"的特点，并创立了温病学派。苏州是温病学派的诞生地，由于吴中卑湿之地的地域性特点，历史上特别是明清期间又逢瘟疫，温病流行、高发，导致一批医家如吴又可、王履、叶天士、薛生白等倾心于温热病学理的思考和临床的实践，从而形成了"重视经典理论，善于吸收融通，敢于发明创新，处方用药轻灵"独具特色的吴门医派温病学说。温病学说的创立与发展是吴门医派的一大贡献。在瘟疫病的流行之际极具现实指导作用，在中国医学史上甚至世界医学史上占有重要地位。

第三展厅和第四展厅是历代吴中名医及近代吴中名医介绍。吴中地区名医辈出，历代名医有一千多人，医官、御医百余人。现今存世医学古籍有五百多部，内容涉及医经、伤寒、经络、本草、针灸、温病以及临床各科。

第五展厅、第六展厅主要是介绍吴药的发展，以雷允上等几大药铺为代表。吴中医学所取得的成就建立在吴药发展的基础上。据考证，苏州在宋代就设有"太平惠民药局""济民药局"等官办药局专门经营药务。明清时期，苏州中药业非常兴盛，百年药铺有宁远堂、雷允上、诵芬堂、沐泰山堂、陆良利堂等，炼制的六神丸、诸葛行军散、八宝红灵丹等成药颇享盛誉。苏州中药业的鼎盛时期有国药铺179户、药材行95户、参茸店20户、家传秘方小肆35户之多。据民国期间统计，先后有大小药店340多家，且大都集中在阊门内外一带，分为饮片与药材两大类别。苏州药业有宁、沐、雷、童四大百年老店，因此药业秩序也需合理管理，在苏州碑刻博物馆内可找到十数通与药业有关的碑石。中医药博物馆里收藏了一通药政管理碑的拓片，内容是关于清代咸丰四年为整顿药业市场秩序，严禁社会上不良之徒哄抢掠夺药店药材、扰乱药业市场。碑石中所列事由为每年端午节前后会有不良分子，就白芷、菖蒲等辟秽香料药材有强要抢夺的行为，为维护药业利益及药业秩序而出示的警告碑严禁强讨滋扰，倘有无知棍徒，仍囧肆行索扰，定即严拿究办。

　　在馆内，为了拉近中药与百姓的距离，我们还把大家日常所见的珍珠、荷叶、芡实、代代花、绿梅花、枇杷叶、芦根等苏州地产的特色药材也进行了实物标本展示。苏州地产药材资源丰富，而且药材资源颇具吴中水乡地域特色。展出的荷叶产于湖塘之中，有清热化湿功用。芦根是湖塘里芦苇的根茎，有养胃生津清热的作用。淡水珍珠是河蚌的病态产物，可作饰品，也能入药，有清肺、止血、退热的作用。代代花是苏州虎丘花苗场圃的花类植物，有解郁醒脾和血的作用。香橼是橙类植物的果实，入药用皮，有理气、止痛、健胃、消胀作用。绿梅花是绿梅果树的花蕾，有清肝理气作用。芡实吴中俗称"鸡头米"，水生营养补品，有滋润补肾作用。枇杷叶是枇杷树的叶片，叶片去毛茸状物后有宣肺、清热、化痰的作用。还

接待原国家中医药管理局副局长吴刚，左一为华润龄

有一些动物性药物如乌梢蛇、乌龟是血肉有情之品。乌龟主补肾养阴，乌梢蛇则有搜风通络作用。

据1985年苏州市第三次地产药材资源大普查统计，苏州发现有四百多个药材品种。

潘 上次参观时，我对第六展厅和第七展厅里的中药炮制和医疗器具用品的展示特别感兴趣，请华老再做一些详细的讲解和说明。

华 好的，先介绍一下中药炮制加工的工具。展柜里的铜质捣筒、瓷研钵、药榨床都是中药加工常用工具。由于中药饮片包括各类药用植物的根、茎、枝、叶、果实等各种成分，在入药时炮制要求不尽相同，即使在炮制后还有打碎、研细、榨汁等不同的要求，故有相应的加工工具。

骨质小秤用来称细料质轻的贵重药物，如牛黄、磨香、犀黄、羚角粉等。有时以分厘单位来计量。药丸计数板是红木质料，一块板上有九九八十一个凹穴，在以粒计数的丸药包装时，一块板上留有八十一粒丸药，便于操作。铜质药瓶是装盛细料的用具。还有各种款式的瓷药瓶，小药罐是用来盛装细料药粉或药料的容器，如眼科、耳科、喉科等小科所用的药料以及行军散、玉枢丹等细料药物。一般有规模的药店都会制作自己堂号的药瓶盛放药物，同时也有广而告之的作用。

还有，牛角药匙、铜噼啪、铜药匙都是用来送药的工具。牛角药匙底部口大便于装灌药汁，头部尖小留一细孔便于送药进口，用于小儿或老人灌服药汁时用。铜药匙是灌药与开口功能兼具的药匙，用于神志不清或昏迷病人时的灌药工具。由于制质坚硬，可作为开口器打开嘴巴，内盛药物可同时进入，铜皮上还依稀可见病人紧咬的齿痕。铜噼啪造型很奇特，是常用弹送药粉的工具，一般旧家庭中都曾见到，将膨大部盛装的药粉由细长的铜管送进耳朵、咽部、鼻腔等部位。因为膨大部分的铜皮较薄有弹性，按压时噼啪作响，靠气压将药粉送入。造型讲究，式样很多，现在可作为工艺物品欣赏。

银刮舌是寻常百姓家中的盥洗用品，有人在晨间漱洗时用来刮去厚的舌苔。象牙药刀是外科用药时的工具，用来摊制药膏或外敷药物。还有一套仿清代的中医外科小手术器械，共计35件。中医外科常见的疔痉疽痈外病病需要用手术治疗，这一套器械刀剪针刮比较齐全，由白铜复制而成。原件系晚清吴中名医余听鸿的遗物，由其后裔收藏，在国内亦较罕见。

潘 很多医用旧物越来越少，按照现在的看法，已经属于具有收藏价值的文物了。

华 我们可以这样认为，从前医生都为私人开业行医方式。一些名医业务较好，病人众多，具有规模，因此诊所中分工也细，挂号即是病人看病的第一个手续。象牙号牌即相当于我们今天看病时纸质挂号就诊单，博物馆里收藏的一块象牙号牌就是民国时期苏州名医钱伯煊诊所的号牌，象牙制品反映出医生的身价地位。脉枕是中医医生搭脉的必备用品，目前在医院看到的都是十分简陋的布质脉枕。由于一些医家比较讲究，在夏季用起了瓷脉枕与藤脉枕。

红木脓匙是外科医生对病人脓肿切开引流时可以接盛脓液的用具。金针与陶灸筒是针灸科医生进行针灸医疗时的用品。种疫苗器是医疗用品，民国期间苏州中医界在学习西医的过程中掌握了一些免疫接种方法，反映了中西结合的历史时代。

馆里展示的一枚医师印章是苏州外科名医陈明善的常用印章。陈明善是颇负声望的外科名医，是中医医院建设发展的功臣，是中医医院第一任副院长。诊室招牌是博物馆筹建过程中征集到的开业医师招牌，这块是郭寿恒医师的。他是苏州市中医医院的针灸专家，现已退休。

熏香炉是民间旧家庭中用以熏燃香料净化空气的用具，一般都以铜质或陶瓷制作。博物馆展示的铜香炉制作精良，颇有观赏价值。鸡鸣炉是煮熬补药的小火炉，铜皮材质；下半截是燃火室，中有小油盘以灯芯草作为燃媒，火力不会太大；上半截是铜质容器，可熬煮营养滋补点心、参汤补剂等。一般是由用人在凌晨鸡鸣之时即开始起炉煮，待主人睡醒之后受用，故称为"鸡鸣炉"。还有，陶药罐是盛装膏滋药的容器，有一定规模的药店均有制作本店堂号的容器。馆里展出的那只陶药罐即是有堂号的。

红木药箱是医生出诊时的用品，旧时一些名医一般是上午门诊、午后出诊。或坐车轿或乘快船，携带药箱，内备有笔器方笺之外，还有一些应急备用细料药品，以济不时之需。尤其外科医生出诊时，则可带上外用药料或小手术器械之类。馆里收藏的其中一只红木箱是中医张志方（1896—1959）用过的旧物。张志方，嘉定南翔人，先随苏州御医曹沧洲的侄儿曹南笙学习妇科，后改由曹沧洲亲自传授，精内科、外科、妇科，返翔行医，1959年过世。

竹夫人是古时候的清暑用具，或用青竹篾编成长笼或用整段竹中间通空，四周开洞可以通风。以前旧家庭中常有使用，是夏季床席间取凉的用具。唐时名"竹夹膝"，至宋始称"竹夫人"，有称"竹奴"，又称"竹姬"。苏轼有《送竹儿与谢秀才》诗云："留我同行木上坐，赠君无语竹夫人"。陆游也有"瓶竭重招曲道士，床头新聘竹夫人"的诗句提到竹夫人。

　　铁船药研是中医医院的藏品,也是我们最常见的中药的传统加工工具。在没有粉碎机械之前,都以铁质药船加工粉碎。船形铁具内盛装药料,滚动的研盘在铁船中可来回滚动,粉碎药料,一般由药工用脚踩在研盘的铁柄上,使研盘在滚动中把药料研细,达到加工粉碎的目的。大研钵是中医医院的藏品,属陶瓷质地。如此大的研体存世不多,较之铁船是加工细料的用具,一般是眼科、喉科或耳科用的较细药粉。药工不计工本、时间,进行精细加工,达到极细粉末状态便于病人应用。

潘　我们前面访谈部分提到的针灸铜人,博物馆里也有实物,请您详细介绍一下。

华　宋代是中医药发展的兴盛时期,这与北宋政府重视医药有关,因为北宋帝王有的本人就是医学家或药学家。宋仁宗时十分重视医药方术,他接位刚三年即命针灸学家王惟一监铸针灸铜人,并编写《铜人腧穴针灸图经》三卷。天圣五年

中医药博物馆内景

（1027）十月铜人铸成，腧穴铜人当时制作了两座。其一置于医官院作为教育使用，另一具陈列于大相国寺仁济殿内，供人参观学习，这对针灸知识的普及有极大的作用。1030年又把《图经》刻于石板上，刻石的题篆为宋仁宗亲笔御书。针灸铜人的穴位以蜡封口，其体内灌注有水银，练针取穴时，针入水出。中国历史博物馆也有一座针灸铜人，为明英宗时仿宋铸造。清代乾隆九年（1744）也仿制了一具铜人。本馆陈列的属一模复制品，由南京博物院翻铸。

潘 中医药博物馆里还陈列了不少医学古籍，也请您介绍一下这些医书典籍的价值和功用。

华 吴中历代医家有1200余人，其中医官御医百余人。名医又多为儒医，擅长著书立说、总结提高，传承了中医药历史文化。因此，吴中地区历代医学著作存世的有500余种，本馆收藏线装中医古籍有2500余部、20000多册，不乏善本、孤本。其中有明清时期的抄本与刻本，可属善本古籍有28部、202册。

具体如缪希雍《神农本草经疏》30卷12册，为明天启五年（1625）的刻本。明王象晋的《新刊内科正宗》50卷、12册，为明崇祯二年（1629）刻本。明王宠《医方杂录》2册，为抄本。清沈朗仲的《病机汇论》18卷、18册，清康熙五十三年（1713）

接待原卫生部副部长、国家中医药管理局局长佘靖

刻本。清徐时进撰《医学蒙引》4册,是清乾隆二十九年(1764)冯德中抄本。清陈标著《痧痘金针》3卷、3册,是清同治十年(1871)周灿抄本。

这是一笔先人的馈赠,是后人的"取之不尽,用之不竭"的宝贵遗产,我们应该好好保存,并且有条件把它们注释解读出来,以供后人研学。

潘:听了您的详细介绍,我们对苏州中医药博物馆有了全面的认识和了解。对博大的中医文化有了更加感性的触摸。对普通民众而言,有机会到景德路上的苏州中医药博物馆走一走,一定会受益匪浅。正如华盛顿某家博物馆墙上写的那句话一样,"我听见了就忘记了,我看见了就记住了,我体验了就理解了。"了解中医文化,追本溯源,中医药博物馆是最好的去处。

古籍书店的中医古书

他人说他

洪刘和：他是当代吴门医派的传承人

时间：2017年8月19日
地点：昆山市周市街道昆山康复医院
对话人：潘文龙　洪刘和

（洪刘和：昆山市康复医院副主任中医师，中医专家）

潘文龙　洪医生你好，我们是东吴名医项目组的，想找你聊聊华润龄先生，谈谈你对他的从医印象。你是怎么认识华老的？

洪刘和　我是外地人，在昆山康复医院工作，知道这里受吴门医派影响非常大，然后我就找医学源头。从昆山找到苏州，原来吴门医派的根在苏州。但是，刚开始不知道谁是吴门医派真正传人，我就慢慢找，在苏州学中医先后跟了几位先生，后来锁定了华润龄先生。我觉得华老师是当代吴门医派中学问好深、医德高尚的一位。不管是不是过誉，我觉得他称得上吴门医派的一代宗师。我给他写的诗里有一句话"吴门医派甲天下，其中大师为润龄"。吴门医派是全国影响最大的一个中医流派，御医多、名医多。为传承吴门医派，华老师整理了很多吴中医籍，《吴医荟萃》《吴中十大名医》都是他参与整理的，还著有《吴门医派》一书。他与同道费时十年整理的《吴中医集》一书涉及了吴中地区很多医学大师的四十多部著作，对我们中医来讲是非常有价值的。

华老天资聪慧、多才多艺。不仅医学有造诣，对其他儒、释、道还有苏州的地方文史都很有研究。他一直跟我讲，中医不仅是技术，更是文化，学中医一定要有深厚的文化背景。他对中医、西医的认识很深刻。他一直告诫我们：不要做在和尚中间念经的牧师。牧师就是牧师，不要夹在和尚里念经。意思是告诫我们不要中不中、西不西的，不要不伦不类，要坚守中医真谛，做铁杆中医。

潘 很多人都说华老是当代儒医，那你对华老的医德医风如何评价呢？

洪 华老的医德高尚，这点所有与他接触过的人都有目共睹。来求诊的患者不分地区，无论贫富，他都一视同仁。华老从不乱开贵重药品，更不乱开药方。苏州时下的膏方很流行，医院鼓励开，但他不乱开。很多不能吃的人他绝对不开，因为他觉得一部分人的体质很好，不缺营养，不需要补。但是经过把脉，如果气虚的患者需要调整就要补，这一点我很佩服。还有一点，我觉得最突出的是他用药精简，如果配药贵的话，他会跟病人说我这个药可能会贵一点。他一般用药都是很便宜、很精炼的，就十一二种。一开始就连我都不相信有效果，后来发现效果真的很好。还有，他是看疑难病的，有的人十几年看不好的毛病到他那里几服药就解决了。他主攻方向是血液科，但是很多内科、外科、妇科的病人都找他。华老为人很谦恭，从不以术骄人。你是皮肤科的，他建议去看皮肤科，你是妇科的，他建议去看妇科，他会说本院的其他医生水平都是很好的，他不是那种爱招揽病人的人。

而且华老还有一个优点，就是特别爱护苏州吴门医派老中医的后代。苏州有一个知名老中医都去世一百多年了，他的第五代重孙穷困潦倒，来找华老看病。他给这个病人看病，却不收他的诊费。看完以后，还以一个长者的身份告诫他要努力创业、要认真工作。还有其他几个名医后代找到华老看病，他都给他们看，不收他们的挂号费。我觉得，这是尊重我们中医文化、尊重医学前辈，这一点很了不起，确实不是一般名医能做到的。这些老中医都是新中国成立前的，都已经去世了。他的这种情怀和品德让我深受感动。

还有，华老在医院两个半天挂号费是不一样的，有一天是专家号。但他从不因为贵就多看病人，下午的普通号反而会多加号，多看病人。他的专家号一上午只有30个号，基本上是一秒钟抢完。所以说，病人的眼睛是雪亮的，病人的口碑就是医生的丰碑。

记得当时跟他学习时，每次华老刚看完几十个病人，不顾嗓音嘶哑就给我们讲课。每次都讲半个小时。而且，他讲课不用医院的处方纸，他都是用家常废纸的反面，给我们写一下处方病例。医院的资源他也是节省的，按照规定老中医专家门诊是可以打的报销的，他常年上班挤公交。他是一个六十多岁的人，却不管刮风下雨都是挤公交车出门诊。

他很喜欢热爱中医的学生。最主要的是，华老没有门户之见。他总是有什么就讲什么，经常和盘托出、倾囊相授，他懂的恨不得都教给你。据我所知，在中医医院内部还有很多主任医生来找他跟班学习。

潘 你能再谈谈华老的医术吗？从你作为医生的第三者的角度观察？

洪 华老的医术早期主要是自学的，靠读古人的医学著作，后来再师从名师提高。华老的学问很好，编了很多书，写了很多文章，还做了几项中医科研课题。对我们晚辈来讲，他著的书是很有用的。清朝有位名医讲过一句话："我治方救人功在一时，我著书教人功在万世。"如果没有华老的整理和保存，像我们这些学中医的后人再找奚凤霖、陈松龄的医学经验和验方都找不到了。很多东西，如果缺少有心的积累，时过境迁，到第三代、第四代就没人认识和知道它们了。华老就把他们的经验都留下来，传承给我们。华老的老师奚凤霖先生就是一位了不起的医生，号称中医天才，人称"苏州小郎中"。

潘 你跟随华老抄方三年，还有哪些体会和观察？

洪 你看这是华老开的膏方（展示了几张方子）。人家七八十味、四五十味，他很少，就三十多味。他的书法也俊朗飘逸，笔法也很好。他自己都不保留，这都是我自己收集的。包括以前的病例，我看到了都拍照留好，收集了有一万多份。所以我想，以后苏州中药档案查询华老的资料要找我，他们找不到别的东西，因为这些都没有人保留，所以蛮可惜的。往往一些名医都这么被忽略了，宝贵的中医经验就丢掉了。

跟华老师看得最多的就是疑难杂病。有的咳嗽久治不好，到他那里几服药就解决了，真是看一个好一个。我记得他看了一个肺癌晚期的病人，癌症转移后肩膀疼，他不用西医止痛药，而是用党参、白术一类的，病人吃了以后不疼了，延长了很久的寿命。还有一些耳鸣的、脚麻的病人找到他，他看了之后效果都很好。有一个腹痛的病人上腹疼得厉害，很多人都当胃病治。华老有自己的办法，他检查病人腹部，发现患者腹部静脉曲张，他就觉得应该是腹壁静脉炎。于是他用中医通络的诊疗方法就给治好了。这就是"出病在经，久病入络"理论的一个灵活的运用。据我观察，华老出诊很仔细，这是他作为一名儒医最大的特点。

潘 洪医生，你收集华老的方子和病例有什么考虑吗？

洪 我准备把华老的方子整理成两本书出版。一本是《华润龄医论医案集》，还打算出一册《华润龄膏滋处方集》。此前我写过一篇有关华老的文章，也参加了世界中药大会，当时全世界征集了好多文章都没有入选，但是这篇论文被收录了。这个成果是世界级的，当时全世界的顶级医疗专家都看到了，这个也是我们吴门医派的骄傲。这都是华老几十年的行医经验，是实实在在的，没有被修改过，也是经过他审看过的。

还有，华老对诗词歌赋等传统文化都有所涉猎。受到他的影响，我也接触了一些，但我学得不深，还很浅（笑）。所以我给华老写的诗里说，将来儿孙翻检华老的柜子，"不见黄金见医经"。黄金是有限的，而医经是救人性命的，是可以传之千秋万代的东西。

到前年（2015），华老已从医五十周年。很多朋友、同道还有弟子们都来祝贺，我也专门赶过去。现场我还送了一首贺诗，其中两句写道：

品若梅花性高洁
学如沧海道至深

潘 嗯，这份师生情谊也确实难得。请你再聊聊华老具体的诊疗情况。

洪 我们看很多病人都是从阴看，而华老是反其道而行之，他是从阳看。我举个例子，曾经有个病人嘴唇肿得老高，看了很多医生都不好，找华老一看就好了。这个病人之前用的都是寒药或者凉药，华老看了以后给换了热药，结果一个星期就好了。这个是我亲眼看到的。确实神奇，他和我们说这个病是表热内寒。

还有，我看到他有一个30年前找他看的血液病人，是再生障碍性贫血。他就吃华老开的中药，吃到现在蛮好的，30多年一直很稳定。这证明中医是有道理的、有疗效的，也说明华老在血液病方面造诣很深，他继承的正是陈松龄老先生的医疗经验。

第二个印象深的病案是一个复发性口腔溃疡病人，有16年的病史。民以食为天，嘴唇烂得一塌糊涂，每个月都烂，饭都没法吃，非常痛苦。他四处求医，看了很多医生，十几年都没有解决。在华老师这里看了3个月，最后看好了。华老手上治愈的复发性口腔溃疡病人非常多，他不是口腔科看黏膜毛病的医生，但是就是有很多人来找他，全都是慕名而来，病人来自全国各地，都是朋友介绍来找他的。对于复发性口腔溃疡这个毛病，华老确实有研究。和别人不一样，他有自己的方法。华老有时候反而用温药、用热的方法。人家本来是内火，他反而用温药，这是他独特的理论。他继承的正是吴门医派的心法，他对吴门医派理论研究得很深，但是他又不拘泥于吴门医派，他对别的医派、流派都有涉及。他认为该用什么药的时候就要用什么药，有适症就要用适药，他一直强调的正是辨证施治，辨证施治恰恰是我们中医的看家本领。

今天我们认识到，辨证施治、整体观念、天人合一是中医的三大法宝，放之四海而皆准。华老教育我们，在南方这里用药就跟北方不一样，北方寒冷，南方湿重。现在工业发达，环境变暖，所以湿热比较多、燥热比较多，因为气候也在变化，所以我们的药也要跟着变化，这就是辨证施治，因时、因地、因人制宜。以前我看病习惯套方，就是用老中医的成方，后来跟了华老学习以后，我就改变了。不能这么简单化操作，一定要辨证施治。现在遇到疑难杂症，我就慢慢地变，慢慢地研究，先把主症解决了，再解决枝节。这是我几年跟华老学习最大的收获。每一个病人都不一样，要因人而异。看病最后靠的是渊博的知识，还要靠医生自己的悟性。从这个意义上说，我说华老已经得道了（笑）。

华老师很反对现在的生活方式，尤其是现在流行的生活方式。这倒不完全说他是老古董，而是他觉得现代人的生活有时候违背自然规律。他有两句名言："运动不是必需的"。现在人们往往在乱运动，一动不如一静，只要生活有规律就好，不必盲动。第二句"水果不是必需的"。现在很多人爱吃水果，但是很多水果本身就是催长的、转基因的，未必都是安全的。再者水果大多数是凉性的，本来就伤人的脾胃。中医认为，人的脾胃很重要，脾胃为气血生化之源、后天之本。

老师还有两个案例我收藏下来了。一个是治疗顽固性痤疮的，我找不到病人的老照片，这是一个月之前的照片。小伙子年纪不大，满脸的青春痘。这个病人是昆山的，不知道是怎么被人介绍到华老那里去的。之前看病花了十万块钱，脸上的青春痘都变成痤疮了，到处都是疤痕。他看西医没什么好办法，消炎药用了很多都没有效果。这次，他吃了华老开的大概三个月的药，恢复成这样是蛮好的，脸上基本恢复到比较平服的水平，还是很神奇的。

中医药能够造福人类，能够给千家万户带来快乐美满。

第二个病例是一个女同志得了难治的牛皮癣。找到华老后，吃了几服中药。华老看病是开纯中药，绝不用西药，保证没有激素。但是华老这次用的毒药处方里我记得是有蛇类的。这个药他也敢用，用下去果然疗效不一样。所以说遣方用药，华老胸有成竹，精准独到。

潘 请你再谈谈跟随华老抄方过程中印象深刻的例子。

洪 华老有时候也用《伤寒论》的方子，不过像附子、肉桂倒是不大用的。他有时候看疑难杂病用扶阳的方法，因为扶阳可以存阴。我曾经亲眼看到一个病人，一个二十几岁的小伙子，胖胖的，像女孩子一样害羞。一进来就脸红，而且周围寻医看了一大圈，看了好几年都没有效果。我看了一眼，以前的方子全部是滋阴降火的。华老给他把脉，望闻问切后，改了治疗方法，药里加上附子、肉桂，结果病人一吃，一个多月病就好了。我觉得，华老的医学造诣非常深厚，炉火纯青。他的方子非常灵活，效果又好，真是"运用之妙，存乎一心"。

我现在也用他的方子，包括那些不孕症，用了就有效果。很搞笑的是，华老退休后就经常看妇科，其实也是偶然因素，因为看好一个之后，就一传十、十传百，女性病人都来找他。我觉得华老有自己的方法和手段。就连我自己的姐妹不怀孕，用他的方子后都怀上了，你说奇不奇？

所以，我迷信点说，华老的方子很有效，内科、外科、妇科都有效果。比如复发性口腔溃疡，他就有自己的方法，辨析阴阳，引火归原。看病难就难在反治。我跟他学了几年，就是这个感受，华老用药太灵活了。这个灵活是建立在充分把握病理、药理和病人的实际基础上和理法方药运用自如的基础上，没有几十年的工夫是学不到家的。

潘 嗯，看来您真的为华老这个人的人品和医品折服了。

洪 是的，我非常珍惜和怀念跟随华老学习的日子。华老医术高、医德高，人品更高。他为人很直爽，在如今商品经济社会、医患关系如此紧张的时代，实在是太难得了。更重要的是，他在医院里不追名逐利，为人谦让有礼、低调内敛。他对穷苦人家、老弱的病人关心体谅，真的是医者仁心。他自己身体并不好，患有糖尿病、高血压和冠心病，但是遇到特殊人群他还是照顾，这真的是大医精神，我觉得当下中国太需要这样的中医了，这样的中医真正是吴门医派的骄傲，大医在民间啊。我觉得他是继叶（天士）、薛（生白）、奚（凤霖）、陈（松龄）之后德高望重的一代吴门宗师。

潘 那您从华医生身上学到了什么东西？

洪 我从华老身上学到的太多了。除了中医，他对传统诗词歌赋都是有研究的。他一直讲，中医、诗词、古琴、昆曲等传统文化都是中国文化的精髓，要想做一名好的中医医生，你必须要精研中国文化，因为在某种意义上说它们都是相通的。只有深谙中华传统文化，用中医的思维，才能做一名好中医。

我为华老崇高的医德风范、完备的理法方药所折服。我要学习他先进的学术思想和医学经验，更重要的是学习他高尚的人品，这些都是我一辈子取之不尽的财富。作为年轻一代医生，我更要学习他爱护中医、保护中医、传承中医的精神。我常说，我们一定要把我们老祖宗、老前辈、老先生的东西爱护好，继承好，这都是中华的医学财富，更要利用好和发展好。实践证明，华老的医疗经验是经得起重复检验的。因为他看了很多书，跟了很多老师，而且他反复实践，有五十多年的临床经验。华老的医学态度非常客观，有效就有效，没效就没效。不管今后时空如何变换、社会环境如何改变，他对症状的方子基本上把握得非常准，可以解决很多疑难问题。他总是强调得辨证施治、灵活用药，这个理论还是可以放之四海而皆准的。还有，华老对人体免疫研究很深，他说中医的作用就是恢复人体阴阳气血平衡。

潘 那么，今天作为吴门医派的新一代传承人，您觉得坚守的意义和价值在哪里？

洪 我觉得首先要对中华文化自信，要对中医自信，对疗效自信。20世纪90年代八老上书（1990年，邓铁涛、方药中、何任、路志正、焦树德、张琪、步玉如、任继学8位全国著名中医药专家上书中央，恳切呼吁加强国家中医药管理局的职能一事——笔者注），国务院已经注重这个问题了。这些老中医上书给朱镕基总理，提出抢救老中医宝贵医疗经验。从那个时候我就意识到中医是国家的瑰宝，那时候我还是一名学生。老中医的诊疗经验再不整理的话就没有了，应该给他们著书立说。我觉得传承中医是造福子孙万代的东西，中医能解决疑难病，跟西医可以优势互补，可以取长补短。但是中医一定要走中医的路，一定要坚持中医自己的东西，坚持发扬中医传统特色。我们中医有优势，在哪些方面有优势？在冠心病、功能性疾病、疑难杂病方面有办法。但是西医哪些方面有优势呢？感染性疾病它有办法。过去有人感冒咳嗽总觉得中医没有用，但现在觉得看不好就会来找中医。中医辨证灵活，调养平衡，有时候西医挂水看不好的毛病，中医几服中药就能立竿见影。

我对中医还是有感情的，它是我们国家的国宝，是中国人五千年来对疾病疹疗的经验总结。它的实用性、科学性、民族性深深地植根于中华大地、屹立于世界之林。没有哪一个国家的传统医学像中医流传这么久，直到今天还有生命力。习近平总书记十分关心中医药，中共十八大以来，他多次发表重要讲话，强调中医药的重要价值，力推中医药加快发展。国家有关部门深入贯彻落实有关精神，出台了一系列政策措施，助推中医药"火起来"，中医立法终于获得通过。

潘 回到吴门医派,你觉得江南地区的人对中医的认识是什么样的?

洪 我觉得还是像以前一样,这里的人们越来越懂得保健。江浙一带人懂得保护自己,会想到中医,因为中医会调理。以昆山为例,昆北这边和昆南还差一点。过去我刚来的时候,这里居然都没有中药房。当时院长就叫我过来,开始了中医的试诊。现在我们康复医院也不错,一年有12000多个病人来就诊。

中医要和老百姓接触,什么病都能看到。中医现在有很多虚的东西,也有一些伪中医,混迹在江湖上,败坏了中医的名声。还有些所谓的中西医结合,过分强调数据,强调统计学。我觉得,中医一定要在临床反复经历就会有经验。病人会告诉你真的东西,我觉得病人是医生真正的老师。

我感到,今后对中医还是要积极地引导,加大中医医学宣传。中医自己也要争气,要能解决问题,盲目地和西医吵是没用的。举例说,我们病房原来有个病人出虚汗,经常大汗淋漓。住了六天挂水没有效果,大吵大闹要出院。院里请我去会诊,我开了三服药全部解决了,中医有中医的办法。后来,这里附近出虚汗的患者都来找我。中医对湿有办法,吴门医派对湿有丰富的经验。夏天高烧不退,病人胃口不好,化化湿就好了。

潘 您是华老的爱徒,中医历来讲究师徒传承,您觉得如今应怎样发展这种传承关系?

洪 我先后跟了十几位老师。师承在江南地区是非常成功的,包括华老都认可师傅带徒弟,这也是中医比较传统的传承方式。现在医科大学出来的博士生也好,研究生也好,很多不会看病。因为导师本身就不看病,中医医学教育模式有问题,中不中、西不西。

师傅带徒弟就是面对面地、手把手地教,而学生看到的是一个个鲜活的病例。看的是人,中医本来就是治人。西医好多都是用动物做实验,人和动物是不一样的。华老师一直讲,人是有感情的。人有情感变化,动物不一定有。这种带出的学生实践性很强,知道我们是看病的,不是空谈理论。我觉得中医今后一定要解决这个问题,否则就有生存危机。相比之下,西医也是有局限性的,他们所有人都是持症用药,所谓"头痛医头,脚痛医脚"。但我们中医不一样,气血阴阳、寒热表里都要辨证来看。

吴冰：他就是一位儒医

时间：2017年9月23日
地点：苏州市中医医院
对话人：潘文龙　吴冰

（吴冰：苏州市中医医院副主任中医师，血液科病区主任）

潘文龙　吴主任，您好。我们是东吴名医项目组的，想来和您聊聊华润龄先生，他也是血液科方面的专家。据说您的主攻方向也是这个？

吴冰　是的，我主要研究血液性疾病。现在中医这边治疗血液病其实还蛮多，因为病人确实有需要。血液病不一定都是白血病，不仅是我们知道的血液病或淋巴瘤这些。特别是和免疫相关的毛病，比如血细胞减少、白细胞减少、血小板减少等，都是大概念的血液型疾病。临床证明，中医对这些毛病的治疗效果非常好。这一点我在跟华老抄方以后有了更深刻的认识。

我是1996年从南京中医药大学毕业的，毕业分配进了苏州市中医医院，今年是第21个年头。其实现在所有的中医医院都是综合性医院，这个是全国的趋势，我们也很无奈，医疗架构包括我们的二级分科全部是西医的。所以，我们进来以后都是已经规划好的，模子已经做好了，谁也没有办法。我工作这么多年，越来越发现很多西医的手段其实是有限的，需要从传统中医当中补充。有了这么一个想法之后，2015年我开始去跟华老抄方。那会儿，华老虽然退休，但还在中医医院坐门诊。

我们传统的中医从前不是现在的样子，如今把中医单一化而且是把它简单化了，甚至于有西化的趋势在里面，包括现在的中医教学都是这样的。我们现在也废弃了跟师带徒这个体系，这个都是非常可惜的（苏州市中医医院目前已经在尝试恢复让名老中医带徒弟模式——笔者注）。所以，我自己想到我要跟华老抄方。因为我和他同事多年，无论是口碑还是治疗的效果，华老的医疗水平在全院都是公认的。

从2015年开始，我就利用每周三的上午跟他去抄方，足足抄了两年。后来因为其他原因，华老离开我们医院了（其时华老已经退休，院里留他每周来坐诊），我也就停止跟班了。其实，他离开医院的当口，我们院里正好在做师傅带徒弟传承的工作。当时我也去请过他，希望不光是我，我们新进来的医生也需要华老来带一带。但很可惜，因为种种原因，华老没有再回来。

我抄了两年的方子都堆在那里，厚厚的一沓，还来不及去整理。我想抽时间把这些东西慢慢地做一些回顾，这些处方里有很多华老的医学经验，非常宝贵。

潘 您能具体地讲一讲跟华老抄方过程中有哪些收获吗？

吴 我跟华老抄方的两年期间，他主要看的是血液病、风湿免疫病，还有一些调理方面的病。我在旁边观察，的确可以从他的方子当中看到很多东西，有很多鲜活实证的例子。因为华老的号非常难挂，所以很多病人都是在外面兜了一大圈才找到他的。比如说，有的患者在治疗过程中用的是西医的治疗方法，西医有很多不能忍受的副作用，激素啊，或者其他问题，他们在外面也看了不少中医，效果都不尽如人意。这些患者最后七转八拐求过来，转到华老手里基本上都是疑难杂症了。不过，往往奇迹就在华老手上发生了。

我印象很深的是一个女性银屑病患者。这个病人来的时候不能穿比较暴露的衣服，身上大面积都是斑块，她非常痛苦。这个病人三十多岁的年龄，她平时就没有办法穿短袖和裙装。但是吃了华老的药以后，大概持续了两个月，症状就减轻很多，恢复得非常好。华老基本上是半个月开一次方子，我在一旁看着她的症状一次比一次好，最后基本痊愈。我觉得华老的这个方子非常经典，已经把它收藏起来了。

还有一对双胞胎小姐妹，大概还在上幼儿园。那个大的小姑娘患的是口腔溃疡，小的那个得的是阴部溃疡。这个病医书上有记载，上面是口腔溃疡，下面是阴部溃疡，是同发的，在一个人身上是比较多见的。但是，这个双胞胎是两个人拼成了一个症状。华老认真看了以后，经过思考，给两个孩子开的方子完全不一样，但是居然同时都起效了。我觉得华老真的是辨证施治、灵活用药，他的思路非常清晰。

我印象当中很深的还有一个重症痤疮病人，是昆山的一个男孩子（洪刘和医生也提到过——笔者注），基本上是已经毁容的状态。每一次他来看病，我都拍他面部状况变化。没有治疗之前是非常厉害的，整个面部都有溃烂，甚至有增生。他每次都从昆山来看病，华老不仅是给他内服的药，还加了两副中药让他外洗。两个月下来，就看着患者的面部先是增生的位置往下消，基本上平了，后来脸上的色素斑也慢慢减轻。我在一旁通过直观的照片记录下来，也能看到很明显的对比。我说，要把这个病例记录整理出来，十分经典。

华老看病，基本上有效率能达到80%～90%。因为本身到他这里来的病人已经是在外面看过很多医生了，疑难杂症能达到这样的治愈率，真的是很神奇了。

潘 还想和您聊一聊的就是，您怎么看传统中医中的师徒传承关系？现在的中医学习和旧时的师徒传承有哪些不一样？性质上有哪些不一样？思路怎么不一样？

吴 我根据自己工作中遇到的情况来谈谈吧。我觉得传承是可以作为中医一个非常重要的学习途径，应该提高它的地位和重要性。我们南京中医药大学有一个黄煌教授，他是经方派的，现在倡导成立一个国际经方学院。这个可能也是因为很多临床医生都觉得中医药最终要回归到经方，回归到经典教育的补充上面去。大家普遍认识到，因为经方有效，所以现在有这个市场的需要。很多中医都回归学校再去学习，包括师带徒的学习，这些东西都是非常需要的东西，但是以前都没有去做，或者说我们忽略了它，现在我感觉中医界的共识开始慢慢在回归。我们医院也开始在做师带徒的这种传承，先从临床上开始做起来，这是一个可喜的变化。我的理解是，这个方式时间会比较长，不是能立竿见影的，但从长远看一定是有价值的。

潘 现在中医药大学毕业的学生到医院来，还有从头跟老师抄方的吗？

吴 目前没有。现在其实是科班学习的东西与临床实践是两套体系。但是西医的体系更占主导地位，中医是次要地位，这也是无可奈何的。随着传统文化的复兴，还是要慢慢回归中医，再加之社会上对传统医生的认可度也在慢慢提高，中医的地位在慢慢上升。包括这次国家双一流的学科建设，就有中医学科，中医至少在学术制度上开始被认可了。

潘 您和华老是同事，请您再谈谈对华老的个人评价，包括医术、医德方面。

吴 总的来说，华老就是一个儒医。他总是不急不慢，对病人耐心细致，从来没有贫富差异。印象当中，华老的求诊量很大，他每天有30个号，然后他手里有6个机动的名额。这个名额怎么分配？他从来不给关系户。这6个名额都是给那些没有挂上号的紧急病人，谁先到，他直接就分配给谁。6个号结束就没有了，他的病人也都知道这个规矩。

我记得，一个从上海过来的小姑娘患了皮肤病，每次都有别人陪她来。有时候前一天晚上挂不到号，她就在早上七点半站在华老诊室门口，就是为了得到一张机动号。印象当中还有一个贫困患者，穿着比较破烂。这个病人一直来就诊，华老和他比较熟悉。来了之后挂不上号，他就一脸无奈地站在那里，华老只好给他加号。我自己也是做医生的，从内心深处非常敬佩华老的人品和医德。

他对患者平等，用药非常精简。华老开药从来没有大方子，没有特别昂贵的方子。除非是方子需要，才会用一些名贵的中药。华老基本上都是经方为主，也有他自己的用药方式。所以从这个意义上说，华老还是传统中医，遵循古道。

潘 您是一名中医医生，我想听听您对吴门医派的认识。

吴 吴门医派跟苏州的吴文化是密切相关的。以前苏州一直是比较富裕的地方，人口比较多，再加上这边的温病比较厉害。人口多，水网多，经济发达，造就了这个医疗环境。吴门医派在古代盛行的时候刚好是温病学派衍生的时期。吴门医学慢慢演变出来，后来与吴文化相结合成为一个地方医学流派。当地老百姓特别认可中医，作为养生和治病的手段。吴门医派与吴文化密切相关，相辅相成。中医是与地域、文化、经济都有关系的医学。

潘 中医医院的三伏贴现在越来越火，您给我们讲讲为什么苏州百姓信中医。

吴 这个理论依据是冬病夏治。冬天发病的调养或者慢病的调养要靠夏天阳气旺的时候处置。我认为，比如三伏贴这样的中医治疗手段，老百姓看到效果了，那么这个东西就会被大家认可。比如说小孩子免疫性的过敏体质，或者说是哮喘、鼻炎这类的，凡是跟免疫相关的这类疾病，中医能起到西医达不到的效果。这些东西就是中医的理念越来越回归，越挖掘越有价值，作用真的是很大。我们可以挖掘出很多中医的优势方面和精华的东西，但关键就是要怎么去引导，包括政府的体制、社会的媒体宣传，怎么让大家都愿意去信任中医，让传统中医真正地造福百姓。

潘 我和华老交流时也谈到了中医教育的话题，他也很担忧。您怎么看这个问题？

吴 以前中医没有二级分科，就内科、外科、妇科、骨伤科这一类。后来因为西医的体系、三甲医院的评审等,才搞了二级分科,包括外科也要二级分科,内科更是要二级分科。中医就变得无可奈何,你一定得挂靠一个科。所以华老那时就到了血液科。陈松龄先生也是血液病这方面的专家。我听华老讲,那时的中西结合是理念和治疗的互补,陈老作为中医的带头人也为他们做了很多临床的会诊。在20世纪80年代,那时候彼此结合得非常好,可能是血液科最兴旺的时候。后来随着西医的飞速进步、社会的变迁,西方文化也越来越盛行,我们中医自己就淹没掉了,失去了自我。就像现在很多年轻人崇尚西方文化一样,中医的东西就完全被否定掉了,这个很可惜,必须引起大家的重视。

我跟华老抄方抄了两年以后也会把一些案例和年轻同事分享。我们科室现在有七位血液科医生,有两位是西医的医生。他们进来也要培训,就是西学中,因为他们也看到了中医的效果。如果你在中医医院工作的话,中医的东西是不可能完全摒弃的。在慢慢接触的过程中,我们也会看到中医诊疗的效果。上次我们调研跟师带徒的时候,他们主动要求如果有机会想跟华老抄方。华老也很为难,他有自己的想法,另外他的身体也不好,精力也不济了。华老后来还专门给我打了一个电话表示遗憾。

我们现在临床查房,每天首先想到的是西医的诊断治疗方式,包括医院也是拿这些东西来考核我们,这是非常无奈的。我们虽然是中医医院,但中医的诊疗手法反而是放在其次的。我南京中医药大学毕业,我们当时教学的那一套是六四开,也就是西医占六、中医占四,基本上是这个比例。这个谁都没有办法,因为毕业要进入医院这个体系,不可能不学。

潘 吴主任,您是治疗血液病的,那么中医治疗血液病的长处在哪?

吴 血液病现在的发病也越来越多。一个是老百姓对自己的健康的重视,再加上现在的社保覆盖面越来越广,使得本来不就医的人群现在也加入了,通过体检能发现很多血液问题。

与免疫相关的血液病中医治疗是非常有效的。在免疫性的血小板症上,中医的治疗效果是超过西医的,也是我们现在病源最多的病种。因为有效果,所以口口相传,来就诊的患者越来越多。再加上白血病、慢性病的调养,患者化疗过后,整个免疫系统的重建都需要中医的调理,因此有不少病人主动找过来。当然,在仪器检查和手术上,你不得不承认西医的治疗手段是非常先进的。不过病人会根据自己的治疗效果、用药方便程度来选择,这会分流出中西医治疗的病人,也是自然而然形成的过程。目前,我在门诊80%的用药都是中药。

我有一个病人是在附一院淋巴瘤骨髓移植,当时就是坐在轮椅上推来的,骨瘦如柴。经过中医的治疗,效果非常好。你不能说他不吃中药不会康复,也许他也会康复,但这个过程中中药肯定是起到了辅助作用的。后来看到他每次来的时候气色状态一次比一次好。第一次是轮椅推来的,以后慢慢就站起来了。现在我还专门给他用了一些补气养血的药作为辅助治疗。

还有一些,比如说化疗以后的口腔溃疡,化疗以后激发感染的这种病人有在施用激素以后产生的综合征,对病人来讲这些都很痛苦。你不能否认西医有效果,但是带来的副作用也是很苦恼的。面对这些,西医就没什么特别好的办法。中医就很简单,就能缓解,立竿见影。病人也从中受益了,从而提高了生命的质量。

(以上专访根据录音整理,未经本人审阅)

柏云伟：他治病也治人

时间：2018年4月29日

地点：苏州某咖啡馆

对话人：潘文龙　柏云伟

记录者：倪丽（苏州大学项目组成员）

（柏云伟：华润龄中学同学，某企业退休干部）

潘文龙　柏老您好，感谢您接受我们访谈。想问一下您原来从事什么工作？

柏云伟　我叫柏云伟，虚岁73，和华医生同龄，退休前原来在外地，做过企业管理。

潘　请谈谈您和华老60年的交情，从他的为人、医术（听到的和看到的）、学习精神等方面聊一聊，有哪些给您留下深刻印象的事情？

柏　华老和我的关系既是六年的同窗学友，又是后来长期保持联系的挚友。虽然我在外地工作，但我们之间的联系始终没有中断。华老的确有好多地方值得我学习，应该说是亦师亦友，所以我们是这三层的关系。

我对华老的印象首先是他的学习精神。他小学时和我不在同一个学校，我在善耕小学，他在齐门小学，还是齐门小学的大队长，那个时候他已经是一个品学兼优的学生了。后来我们一起在苏州第三中学读书，从初中到高中六年同学。在这六年里，我发现他确实和其他同学不一样。他外表看上去就是一个文静的书生，因为书看得多，比较早就开始戴眼镜了，那时候我们那个年龄戴眼镜的同学不太多。

我记得他会千方百计地找机会学习。举个例子，中学时候我们有春游和秋游，老师会带我们去灵岩山、天平山几个名胜古迹去看看，但是他就会想到带一支铅笔、一张宣纸或普通的纸到庙宇里，去把那些碑文给拓下来，初中的时候他就做这些事情了。那个时候我是班长，他各方面成绩都很好，特别是文科成绩好，他一直是语文课代表。我想他后来能够在医术上有这样的造诣，肯定是因为他看了很多古籍，所以他古文的基础都是从小打下来的。他在这方面的确是有天资的。

潘　华老在和您同窗的六年里有没有表现出对医学的兴趣？

柏　我后来问过他为什么会选择做中医。他说他父亲不是做中医的，但是他家里有几本中医方面的书和几本医学杂志，这些书和杂志对他有一定影响。我觉得我们读书时候很幸运，有好几个古文基础很好的老师。老师上古文课的时候先要大家预习，预习时老师要把课文里面涉及的古文词语、典故等做好备课，然后就让课代表在黑板上写下来。那个时候教室里整个墙面都是黑板，华老当时就是课代表，就做这个工作，预先去写古文诗词。因此，从那个时候开始，他就开始对古文感兴趣，文科的基础打得非常好。

我们高中毕业那一年是1965年，第二年刚好赶上1966年"文化大革命"爆发，大家都不能参加高考了。当时社会比较动荡，哪里有安静读书的环境呢？在那个情况下，华医生就不像一般的人，他自学了中医药的古典知识，他能够静下心来读书。静以修身，他能够静得下来，所以他就能够取得不一般的成绩。三年自学下来以后，有了一定的基础，后来他才能够师从名老中医奚凤霖。我想，如果没有前面的努力，奚老先生也不会看中他，他也没有这个能力去学习中医。所以我觉得他学习的精神就是自小非常刻苦，他愿意放弃很多玩的时间。

直到现在，我可以说，他是终身学习。他最大的爱好就是读书，最大的开销就是买书。我听他说，除了买书以外，他的零用钱还有用来理发，其他基本不用什么钱。他家里的书很多，从线装书到学术方面的专著，非常多。他还花很多的精力去剪报，搜集医学知识，报纸上有好的东西他都剪下来，这种事情他坚持几十年。所以他好几次都跟我说，他现在有这么多积累，以后怎么办？怎样才能发挥它的作用呢？他现在就在想这个事情。我觉得他这种持之以恒、终生学习的精神非常可贵，值得我们学习。

潘　您能给我们讲讲华老学习的一些细节吗？

柏　华老一开始自学，到后来十年停止办高等学校，那时候只有培训班，他千方百计会去参加。那个时候不像现在交通条件方便、物质条件好，那个时候是要走路的，需要一边工作一边参加培训，有的时候住得比较远。人家都是早出晚归，他为了时间多一点，干脆就住在学校里面。别人都经常回去，他一个人住学校，吃的东西非常简单，只带一点面条、猪油和盐。那时候甚至味精都不用，不像现在方便面还有点味道，他那时候就吃这种自制的方便面，非常刻苦地读书和学习。

潘 您有没有亲戚朋友找华医生搭过脉？能否分享几个案例？

柏 有啊。我的母亲活到了96岁，90岁以后老年人身上问题就慢慢多了，我正好有华医生这个老同学，算是有利条件。我母亲曾经找华医生治过三次病，当时都是比较麻烦的情况。

第一次是90岁左右，大概在2000年前后。母亲一直打嗝，不管是白天还是晚上，吃东西睡觉一直都在打嗝，这个很危险，到医院去看西医没有用，后来请华医生看，开了两次中药，吃了就好了。

还有一次，发生在我临退休前一年。当时我母亲年龄太大，生活已经不能自理了，吃稀饭和烂面条都咽不下去，所以我提前一年放弃工作，回来照顾母亲。那时候我找到华医生问："怎么办呢？老人东西都不能吃了。"他跑来看了一下，说年龄实在太大了，吞咽功能衰退了，嘴里面很干，没有唾液，导致没法吞咽。他建议我去买杭州胡庆余堂产的枫斗晶，不是铁皮石斛，是铁皮枫斗晶。母亲按照他说的做法，慢慢就真的好起来了，后来老人一些软食、半流质的东西都能吃了。

还有一次，那时候我还没回苏州，大概八几年的时候。记得是一个冬天，我住的地方是新房，比较暖和，我就把母亲接过去了。结果在我家里母亲忽然肚子疼，我想带她去医院看，她不愿意，老年人很固执，说不要紧熬一熬就好了，但一直不好。后来我有点自作聪明，我给母亲吃了一点吗丁啉，帮助肠胃运动一下，没想到吃下去更严重了。没有办法，我就打电话给华医生。因为全家与华医生很熟悉，母亲也很相信他。我在电话里跟华医生说了一下情况，他告诉我马上停止服用吗丁啉，本来肠胃运动就不正常，再加速运动更不行了。老年人基本上就是消化功能不好，买一点帮助消化的，比如说多酶片、乳酶生啊。按照他说的，结果我母亲病又好了。所以，我真的很高兴我母亲能活到96岁，这跟华医生的帮助也有很大的关系。

潘 这个确实是身边的例子，有切身体会。

柏 我两个同学也是华医生的老同学，一个同学2005年3月份得癌症，胃全部切除了。我看过化验单，七组淋巴转移，那个时候他在附一院开刀，但他很相信中医，因此他一边在医院开刀，一边还要服用中药。后来我和华医生一起去看望他，但是问了那个给他开药的医生后，医生说中药你不能吃，在我们这看西医你不能吃中药。

我们想想也对，假如你在这吃中药后治疗效果好，算是西医治疗效果还是中医治疗效果呢？

但那个同学笃信中医，于是华医生就给他开了方子，他在医院里偷偷地吃，家属在家里煎好以后给他送去。那个同学从在医院开刀以后到现在，十几年了，没有间断服用中药，到现在都没事。你想想当时胃全部切除了，已经检查出来淋巴转移了。你说假如没有华医生的话，他能行吗？十几年了仍然存活，应该说算是很少的吧。

还有最近的一件事，我觉得有必要说一说。2017年9月，一个老同学做健康检查，当时增加了一些项目，检查癌细胞，结果检查出来他的肿瘤指标超标了，胰腺超标，很厉害，标准可能是20，他达到了400多。他很紧张，又去上海肿瘤医院检查了指标，也差不多。众所周知，胰腺癌是很凶险的。他马上找到华医生，那个时候我们正好在外地旅游，所以他电话打过来我们都听到了。华医生就跟他说："你呢，问题是有的，但光凭这个检验数据还不能马上证明你就是绝症，也有可能是炎症。现在要跟踪检查，过段时间就检查一下，还有你现在不一定马上就要开刀。"等我们回到苏州以后，那个同学就找华医生把脉、吃中药，从去年9月到现在，他基本上一个月就会去复查一下，肿瘤指标居然慢慢下来了，前两个月检查下来只有三十几了，接近正常的指标了。假设这个同学当时慌得不得了，听了某些医生的话去开刀，后果不敢想，化疗的话那可能就崩溃了。

潘　这两件事确实很神奇，不经历的话是没有体会的。

柏　我自己也遇到一件事。当时我和华医生一起准备去长江三峡旅游，那次火车票已经买好了，乘火车到宜昌再上船。但是前一天我去超市买些路上吃的东西，我和一个年轻人一起走着去的，突然之间我感觉头晕，一下子觉得天旋地转，我让他赶紧扶住我，站不住了。发病时距离回家还有800米的路，年轻人扶我回去以后，回家量了一下血压，我想是不是因为血压一下子高了。我本来有点高血压，但量出来血压稍微高一点点，不是特别高。我让年轻人给华医生打个电话，第二天去宜昌的火车票在我这，让他到我这来拿火车票，我这个样子可能第二天没法去旅游了。然后让他把我现在的情况告诉了华医生。那个年轻人也很慌，他看我站都站不住了，就劝我到医院去。我说我站不起来了，他要背我，我告诉他先打电话。年轻人打电话给华医生说了我的情况，我回家后稍微有点呕吐，这个情况也告诉了华医生。他对年轻人说让我去药店买两个药，是西药，一个是止吐的，还有一个好像是助消化的。结果我吃了药到第二天就好了，还是活蹦乱跳地和他去旅游了。

后来华医生跟我说，我当天幸好没有马上进医院，进医院又要折腾了，这样那样检查，降压什么的，因为查不出什么问题，说不定一查倒真有什么问题出来了。所以，和华医生做同学我是真的很幸运。

潘 您离华老很近，您觉得华老看病的特点是什么样子的？

柏 我觉得华医生非常细心，而且能够透过现象看本质。他看病一般是看病人的毛病到底是怎么形成的，这个状态有什么原因，他不会轻易去下结论。我觉得这是他的作风，非常精细和细心。

潘 那么华老的中医经验对您个人有哪些影响？

柏 他的中医知识包括养生的理念对我影响比较大。养生这方面的研究华医生开始得比较早。十几年前，他除了在老年大学上课、编写教材之外，还给我们中学的老师同学上过一次养生课。到现在虽然过了十几年，他说的几句话我还记得清清楚楚。养生不在于调理、吃膏方，这要看个人具体情况，但大家都应该注意的是三句话，那就是：晨钟暮鼓，生活要有规律；粗茶淡饭，饮食不要太讲究，不要贪嘴，不要因为想要满足口福吃太多，现在好多病都是吃出来的；怡情山水，心态要好，多接触大自然。这三句话我和所有同学都记住了，深入浅出，很简单，但是做到了就很好。这些年我们也都是这样遵守的。

另外，在饮食上，比如吃东西，他也有三句话：素菜为主，小荤搭搭，大荤难得吃吃。这些话我印象非常深刻，永远不会忘记，也希望对所有的人都有帮助和指导意义。养生和饮食的关系很密切。

潘 请您再聊聊生活中的华老，如性格、为人处世的一些方面。

柏 我和华老保持这么长期的关系，可以说是挚友，虽然中间很长一段时间我在外地工作，但逢年过节我都会回来，我们都会见面。见面后在人比较少的时候，我们会进行一些比较深入的交流。我们两个志趣比较接近，思想方法比较接近。比较而言，他可能对我更有帮助，他眼光非常深邃，看问题不看表面，要看本质，这是他能够成为吴门医派一个杰出的传承人、一个名医的原因。

还有一点就是他生性非常直率；和他能谈得拢的人，他有什么想法就说什么，不会有所顾虑。但他又非常谦和，不会说只听他的，他现在地位比较高了，好多求医的都要听他的，但真正交流的时候，他都会悉心倾听你的想法，不会和你争论，他的一些真正的观点也会摆出来。他比较崇敬的是南京中医药大学一位老年教授，已经去世了，他也不会随大流、去阿谀奉承讨人家喜欢。

他对病人一视同仁。他说，来看病的人，可能有当官的，职位比较高，或者是比较有钱的，他说我不会仰视他们，他们虽然有权有势有钱，但他们生病，说明他们的生活也有薄弱的地方，有不够完善或者生活方式有不正确的地方，在医生面前都是病人。有问题，他就直截了当地指出来。他会在了解的基础上对这些人说一句话："我劝劝你啊，你假如光吃我的药，不改变你的生活习性的话，这个药是没用的。"他就这样清清楚楚地和人家这么说。他不光治病，还治人。在医生眼里，病和人是两回事。

潘　柏老，再听听你聊一聊华医生的家庭，他自己很少说这些方面的事。

柏　我们虽然交往这么久，但他也不大说家庭的事情。他结婚不早，好像是35岁那年结婚的，他的夫人是一个工厂的职工，也都退休了。华老淡泊名利，生活非常简朴，所以他对家庭的物质生活是不讲究的。他们家到现在都还是早晚两顿稀饭，中午烧点饭菜，非常简朴。条件改善后搬到了白塔东路，后来就一直住在那里没有搬过。有时，早晨他会到伟记奥面馆去吃碗面，面筋面，素浇面，都是素的。他生活方面真的很随意，比如说我们一起去甘肃旅游，他说最想去吃吃那里的羊杂汤。正巧看到一家羊杂汤店，吃了一碗二十块钱，非常道地，那家店是中央电视台报道过的，他满意得不得了，他说他终于吃到道地的羊杂汤了。

平时华医生水果都不吃。我就奇怪了，医生平时经常劝别人多吃水果，怎么他自己都不吃呢？他说蔬菜里面这些营养都有，不是每种水果对人来说都合适，还是要有选择。所以我们去看望他的时候也不能送水果，因为他不怎么吃。

潘　您和华老接触久了，觉得他身上受传统文化的影响多吗？

柏　华医生没把中医看成一个技术，而是一种文化，所以文化不能局限于技术，如果光是研究技术，恐怕也到不了这么深的造诣。他对哲学、历史、文学都有很多的涉猎，对书法、绘画都很喜欢。他家里收藏很多书法作品，有一幅就是入门挂着的斗方，是张士东写的："心不近佛，不可以为医；术不近仙，不可以为医。"这两句话对他来说是最贴切的。我觉得这两句话他始终挂在那里，是因为他是将它作为座右铭的，也是他的追求。心要近佛，佛是什么？我的理解就是医者仁心。"仁"是慈悲，也是爱，一方面追求这种内心的修养，另外一句就是强调医术精湛。这两句话我认为他一方面是自勉自励，另一方面他真的是这样做的。

还有书房里挂的王谷安写的那幅字我也很喜欢："岂能尽如人意，但求无愧我心。"华医生对儒、道、释都很亲近，我受他影响很大，这些都是文化。文化里面可以吸收的东西对中医也有指导和帮助作用,所以说华医生是博采众长吧。

华医生现在还会到吴门中医馆坐诊,其他一些正高职称的医生门庭冷落,他那里就不得了,人满为患。华医生直到退休还是副主任医师,因为他没有刻意追逐那些外在的名利,我觉得这就是医生的口碑,口口相传比一张纸质证书重要得多。

我和他相处有时也有难处,因为人家都知道我和他关系特别好,他们要来托我联系华医生。我真的很为难,我知道他太辛苦了,他有糖尿病,心脏不太好,还有白内障。因为视力模糊,他有一次从家里出来下楼脚还扭伤了。我经常跟他说:"你已经退休了,少看一些病人吧。"他说:"我也想少做,不行啊,看看人家,有的郊区农民大老远地赶过来了,挂不上号,在等我加号,希望我能帮帮他,我也不忍心拒绝。"华医生的患者非常多,有些从台湾甚至从外国来的病人都来找他,慕名而来。

关于名医的称号,他跟我说过,他其实不想要这种扬名的东西。我说:"不是的,这不是扬名,是说明我们传统文化、中医文化里面需要有像你这样的人,才能一代一代传下去。"去年中医医院要求老中医收徒,华医生退出了,有人觉得奇怪。我认为是他精力有限,另一个原因是现在的学生从学校出来,专业思想不稳定。我觉得他希望收的徒弟能够至少有十年、二十年从医的经验,要不慕虚名,不然他担心别人打着旗号败坏了中医的名声。他愿意接受真正喜欢中医的学生,以此为事业、为追求,传统文化的根基要好,然后再来接受他的指点,这样的传承才会有意义。

患者代表：他就是纯粹的中医

时间：2017年9月21日
地点：苏州市吴门中医馆
访谈人：随机选择部分患者（隐去姓名）
访问者：苏州大学传媒学院学生

访问者 您对华医生看病有什么印象和评价？
患者甲 华主任很和蔼，人挺好的，对待病人非常亲切。
访问者 您对中医就诊是怎样的认识？
患者甲 我一向很信奉中医，觉得西医可能副作用大些。
访问者 这次就诊与上次看完有什么效果对比吗？
患者甲 嗯，很好的，还是有比较大的改变，看了半个月再检查，每次都会好一些。华医生跟你说需要3个月才好，那基本上两个半月就好了。我也是听人介绍才来这里的，就是冲着华医生来的。

患者乙 看华医生好几年了。我之前中医也看过几个，然后就到这里来了。
访问者 那您大概找华医生看了多久？
患者乙 3年。
访问者 现在身体感觉怎么样？
患者乙 我之前有很多症状，是恶性肿瘤开过刀的。当时我吃中成药吃了两年多，有很多症状。自从在华医生这里看了之后，很多症状都没有了。
访问者 那您在华医生看病期间有没有印象很深刻的事情？

患者乙 首先他特别耐心。华医生是正宗的中医,采用望闻问切。我当时去中医医院病急乱投医,当时误诊了,也是找了好几个医生,最后也是朋友介绍来看华医生门诊的。在一般医院看了以后,医生也只是简单地问一下、看一下,然后配药。现在看当时是误诊,很多药都是吃错了,不对症,根本不是这个症状,不是这个病。但是华医生每次都会很认真地看病,也很有耐心,他搭脉都会搭好久。我觉得华医生有正宗的中医看病的方法。

访问者 那您多久来看一次医生?

患者乙 他一般帮我配的药半个月为一个周期。我的症状比较厉害,有的时候呼吸都上不来。有一次华医生只开了3天的药,让我先吃一下,再根据情况考虑加减药方。我觉得他是比较周到的,医德很好。

现在症状减轻了很多。因为这个病不可能彻底痊愈,就是不要扩散,自己感觉稍微好一点,这已经很好了,所以我现在有点崇拜华老。

访问者 您是苏州本地人吗?

患者丙 对,苏州本地人。但是现在中医正宗的不多,或者说极少,中医市场比较乱,我感觉是走偏了。但是,华主任这边有正宗的吴门中医的疗法。我非常相信他。

访问者 您觉得华医生这个人怎么样?

患者丙 我觉得他医术、医德都很好。这确实不是拍马屁,是真的很好。他从来不会像有些医生一样,你进去问诊不耐烦,甚至很多医生就连语气里面对你有攻击性,但是华主任是很耐心、很细心的,他会给你一个靠谱的说法。病人嘛,你给我一个说法就定心了。他们说中医慢,但我确实是吃了中药以后才起的效果,所以我不觉得中医慢。

访问者 您服了中药有没有什么副作用?

患者丁 没有。应该说,好多症状,比如10个症状,现在最起码减轻了5个,应该是这样子。

访问者 您最开始是看西医,是吗?

患者丁 对的,因为最开始呼吸有些上不来,所以就往医院跑。如果是那种急症的话,比如说中风或者骨折那种急症,就要靠西医解决。但是好多东西,比如现在的环境、饮食等引起的病症，还是需要找中医调理。中医考虑身体整体的因素，因为一种病不会单纯是局部的问题，肯定是牵涉全身的，那么就需要全身的调理。现在很多毛病都是这样子。

我觉得华主任一直很耐心，一直这样。尽管病人确实很多，但是他从没有敷衍了事，对待每一个患者都是这样兢兢业业，对待每一个病人都是耐心细致的。有几次，排在我前面的病人都是那种年纪大的，话都讲不清楚，但是华主任很耐心地听他们讲话和询问病情，没有一点不耐烦。

吴门中医馆工作人员　到这边来的病人相当多，很多是外地慕名赶来的。我们这边都是预约病人，如果预约挂号满了，那么很多患者在这种情况下只能找华主任。因为我们没办法帮他们加号，所以碰到这些人，华主任会毫不犹豫地就加号。有时候我们就要拦住，说实在的，这么长时间要看这么多病人，我们也觉得他吃不消，因为毕竟他年纪大了，但是慕名而来的患者实在是太多了。

访问者　为什么会有这么多人等着华主任看病？

吴门中医馆工作人员　主要是华老的医术和医德都非常好，应该讲是很值得我们医疗工作者甚至是我们这个年龄的人学习的。因为不管自己多么忙，哪怕病人再多，中午哪怕看到12点到下午1点，他都会坚持到看完了以后才回去。照道理，我们这边的营业时间是8点到11：30，但他基本上早上7：15就来了，病人多的话会看到12点，华老连午饭都顾不上吃，所以我们都觉得很内疚。说实在话，现在很多年轻医生都做不到。

访问者　您看华医生的门诊大概有多久了？

患者戊　他在吴门中医开业的时候我就在吧。一直看到现在，应该蛮久，至少有五年了。

访问者　那你多长时间来一次？

患者戊　基本上我每隔半个月就会来一次。因为预约的号比较多，华医生还是比较忙的，难得抢到他的号。用药的时候，他会根据我的身体状况做调整。如果我最近病情不太稳定，他会给我开7天的药，所以我就会一周来一次。如果比较好的话，中间会隔一段时间，差不多一个月来一次。总的来说，看了华医生以后，我的身体状况肯定要比以前好，因为有效果，所以才一直来找他。

访问者　您看华医生的门诊,有什么地方印象比较深刻?

患者戊　就我个人来说,我还是比较相信他的。首先是他年纪比较大。然后医德比较好,兢兢业业。而且华医生对待患者的态度也很好,更多的是实事求是。华医生最大的特点就是他的用药。他每次开方子,不管是十四帖或者七帖,哪怕是一次的药,他基本上都会调整方子。另外,他态度相当好,很有耐心。因为我看的病是长期的,已经看了5年多了。现在可以拿医保了,最早是不能拿医保的。药费也是一笔不太小的负担。但是华医生开出来的方子也是比较亲民的,是我可以承担得起的。作为患者来说,我觉得这是很重要的一个考量。

访问者　您更信服中医还是西医呢?

患者戊　比较中西医,我只能说各有所长吧。如果是调理的话,个人觉得还是中医比较好一点。如果是急诊啊,或者伤科、动手术的话,还是西医会比较好一点。因为中医讲的是调理,就是阴阳平衡。现在很多人都是亚健康,用仪器来看的话,可能很多指标都合格,就是没有病。但是作为一个个体的人是有感受的,你自己是否舒服、哪里不舒服都能感觉到。很多时候不是说指标超了就是身体不好,身体会有一个预警。这个时候,我觉得看中医会比较好。我个人认为,中医更多是从调理着手,是防患于未然。不是说一种病一定要到很严重的程度才去看,要早早地调理。作为苏州人,从这个意义上来说,生活当中我更信服中医。

附录

吴门儒医
(纪录片脚本)

【解说词】

2003年的春天,SARS病毒在中国大陆肆虐。起初,国际西医界使出浑身解数也未能有效控制疫情,而广东地区用中医温病理论诊疗的36位病例却无一例死亡,这让大家对传统中医刮目相看。

【同期声】

华润龄:有一些特殊温热病西医还拿不下来,这几年典型的例子就是2003年的SARS和2006年的禽流感,这个还是依靠中医取得了良好的疗效,积累了治疗经验。SARS开始的时候,各种抗生素的应用都控制不住。在广州,当中医参与以后,非典的气势就压制住了。

【解说词】

抗击非典的中医温病学说就诞生在古城姑苏。从医50多年的华润龄先生是苏州当代吴门医派的代表人物之一。他继承了历代吴医传统,恪守文化底线,坚持在诊疗一线,肩负着当代姑苏中医的职责和使命。

【同期声】

华润龄:我们现在谈到的吴门医派温病学说都是从明清时期开始的。明清时期,吴中地区的经济稳定,文化繁荣,文明水平高,就有很多医生出现。一个发达的社会和人口的集中对医学发展有了更大需求,这一段时间的中医医学发展确实很快。

【解说词】

吴医历史悠久,最早可以追溯到唐宋时期。清代乾隆年间,苏州出现了两位在中医史上赫赫有名的大医家——叶天士和薛生白,他们分别开创了温病学说的温、湿两种认识，奠定了吴门医派的基石。叶天士的故居至今仍保留在阊门外度僧桥下塘。民间还流传了他许多治病的传奇：他用力求那天的梧桐落叶治疗难产，让孕妇弯腰拾黄豆来顺正胎位，让人拍案惊奇。因医术高超，叶天士在苏州民间被神化为天医星下凡。

【同期声】

华润龄：他是比较著名的，而且愿意接受新的思想。他在学医的时候跟了17个医生学习。他知识的融合程度、对学识的见解都将这些医生的经验融合在一起。他的临床经验是很丰富的，所以找他看病的人很多。他的经验和思想是其他文人与他交流后记录下来的。所以，《温热论》是他的弟子和别人总结汇编的。

【解说词】

一方水土养一方人，吴中自古出名医。从古至今，苏州有记录的名医就有上千位，留下的医学古籍就有500多种。华润龄最佩服的就是清代隐居在苏州七子山画眉泉的著名儒医徐灵胎。徐灵胎是中医学伤寒派的重要代表人物，诗人袁枚曾多次慕名登山拜访求医，乾隆皇帝也两次下诏书请他去北京皇宫里看病。

【同期声】

华润龄：古人讲"大儒通医"，是有道理的。中医医生在读中国传统文化的书中都会涉及《黄帝内经》和《伤寒论》一类书籍。读书人都会读到这些书，有些对中医感兴趣的最后就成医生了，就是"儒医"。

【解说词】

苏州人对中医的信奉是深入骨子里的。苏派饮食讲究时令，提倡"不时不食"、立秋以后不吃西瓜、三伏天忌食生冷。中医的养生保健、食疗理念已经渗入他们生活中的每个细节。

【同期声】

华润龄：苏州老话讲"头对风热烘烘"是不会受凉的，反过来"脚对风请郎中"，脚底受了寒气，可能会要生病的。这都是生活中的俗语，但表达了中医的一些医学思想。我们常说"头上风寒脚上起"，所以人的两只脚都要注意保暖。这都是生活当中对中医知识、中医思想的体现。

【解说词】

到20世纪50年代，苏州中医进入了一个历史性的转折期。在国家的动员下，民间的著名老中医纷纷出山，组建了中医集体诊所，就是后来的苏州市中医医院前身。

1965年，高中毕业的华润龄开始自学中医，当时他遇到了从医生涯中的启蒙老师、被下放的著名老中医奚凤霖先生，成为他的入室弟子。在奚老身边，华润龄抄了整整三年药方。1950年以后，国家说要建立集体的医疗机构，奚老热诚响应，积极参与到当时的中医诊所里，1956年在此基础上成立市中医医院。

【同期声】

华润龄：奚老有个美誉叫"苏州小郎中"，可见当时奚老出道早、名气响。后来进了中医医院，尤其是在20世纪80年代到90年代期间，奚老对中医所做的贡献是很大的，为吴门医派的继承和发展做了大量有意义的工作。

【解说词】

1978年，中医药事业恢复了春天，百废待兴，当时中医后继乏人。这一年，通过参加全国招考，华润龄成为苏州中医医院的正式一员。后来，他进入了以奚老为首的中医药研究所，还参加了奚老组织的抢救老中医行动。

【同期声】

华润龄：奚老面对现实，觉得十分有必要把老中医的中医思想、他们看病的经验都整理出来，就走访了这些老中医。本地的就自己走访。外地的就是书信沟通，或者是在一些会议上见面沟通。一个是写自己的一些学术经验和思想的文章，另一个是录音。当时的录音还是很初级的，用磁带。

【解说词】

陈松龄先生是一位在血液病研究方面颇有建树的老中医，也是华润龄先生追随的第二位恩师。转益多师是吾师，华润龄觉得，只有多方学习，才能够掌握吴门医派的精髓和真谛。后来，华润龄成为在血液病治疗、妇科、内科调养等方面都卓有建树的著名医生。

【同期声】

华润龄：一个农村的小孩得了再生障碍性贫血病，发病的时候十二三岁，当时是他父亲背他来的。他们早上三四点摇船来苏州，到苏州十点以后就来看病，拿上药就走，到家就大黑了。这个病人开始是陈老看的，后来接着由我看。治疗几年以后，应该说完全恢复正常了。十六七岁以后就像正常人一样。我很重视病人得病的年龄和发热期的变化。还有一个再障小男孩，得病的时候七八岁，治疗痊愈后身体健康甚至参军入伍了。

【解说词】

传统中医理念认为，每个人都是一个有机的整体，不能孤立地看问题，要整体把握，辨证施治，不治已病治未病，具体可分为"望闻问切"四种诊法，以及"阴阳、寒热、表里、虚实"这八纲。宋代医师将总结出来的12条经络和人体的三百多个穴位刻录在铜人上，至今还是现代中医针灸诊疗的施治依据。

【同期声】

华润龄：中医学说的阴阳是一切理论的基础，最难把握的就是阴阳。因为病人不是根据你的认知来变化的。病人的病况也不可能很典型，是阴或者是阳。阴中有阳，阳中有阴，寒中有热，虚中有实，都是交叉夹杂变化的。作为医生把握度就十分重要，那就通过四诊这个方法和八纲这个归类确定病的基础，然后拟定药方治疗，不断调整，步步深入，最后达到痊愈。

【解说词】

在实践中，吴门医派还总结出了"轻清灵透"的用药治疗理念，总的原则是用药精简、清爽灵活。华润龄也遵循这个用药方针，以解决问题为要。

【同期声】

华润龄：《本草纲目》中有上万种中药，张仲景用97种就能驾驭。对药的认识不能单单看一本方药书。研究药的医生很多。某一个医生用这个药有一种特殊的认识，要把它勾出来。你不知道这个药的别的作用，只知道一个作用，就少了一个方法。比如说，你要清热的、解毒的、止痛的，一般会用三个药。但是研究以后，某个药兼有这些作用就用一个药。所以我的方子药少，配起来快。我一般不超过十二味药。复杂一点的也有十二味、十四味、十六味，绝对不会超过十六味。

【解说词】

提到中医不能不提起中药，按照中医治疗"理法方药"的程序，"配药"是最后一个步骤。传统中药按照药理配伍，经过专门炮制，传统上讲究"君臣佐使"的角色分工，充分发挥各自功用。华润龄用药如出奇兵，出乎一般医生的意料之外，又都在药学病理之中。

【同期声】

华润龄：甘草一般都是佐药。甘草是国老，是朝廷上面的老臣。甘草另外的作用是解毒，更了不起的作用是通血脉。甘草如果是佐使的作用就用3~5克，但有时候用30克，有的甚至用50克。或许有的医生转我的方子时看到用30克，他们会疑惑是否写错了,怎么用这么大的量。所以我现在写方子要加两个惊叹号,表示我没有写错。

【解说词】

作为一名医生,不仅要知医,更要懂药。华润龄介绍,苏州历史上也是一个出产药材的地方,著名的吴地四小药材就产自苏州。比如苏薄荷、吴茱萸,都是以吴字冠名。苏州历史上也是药店林立、药业发达的地方,学士街从前就叫药市街。

【同期声】

华润龄:以前药店都有鲜药,夏天更多。比如说芦根,生长在太湖边上。早上天不亮就要采,然后马上送到各个药店去。芦根生津清热、养胃清肺。一个是榨汁,一个是煎药。

还有一个是枫斛。那时候枫斛放在药店有时是当作新鲜的药配服的。枫斛的质量是比较好的,现在大多是种植的。

【解说词】

一千多年前,苏州名贤范仲淹说过:"不为良相,即为良医。"这句话也是华润龄先生所推崇的儒医精神,悬壶济世、治病救人正是一名中医对社会的最大贡献。

11年前,华润龄从苏州中医医院退休了。然而对一个医生来说,行医之路是没有休止的。原本想歇一歇的他又被延聘坐诊,许多患者纷纷慕名而来,他的专家门诊号有时提前两个月就被预约光了。

【同期声】

采访患者甲:每次服药半个月再复诊,每次都会好一些。华医生跟你说需要3个月才好,那基本上两个半月就好了。我来这里也是听人介绍的,就是冲着华医生来的。

采访患者乙:现在中医传统的不多,或者说极少,中医市场比较乱,我感觉是走偏了。但是,华主任这边用传统的吴门中医的疗法。我非常相信他。

采访工作人员:如果预约挂号满了,那么很多患者在这种情况下只能找华主任。因为我们没办法帮他加号,所以碰到这些人,华主任一般都会给他们加号。

【解说词】

业余时间,华润龄心无旁骛,仍然研读医学文献,思考中医诊疗理论,坚守在纯粹的吴门医学之路上。薪火相传，作为对两位恩师的传承与纪念，他先后为奚凤霖和陈松龄先生编写了两本学术专著。如今，华先生自己也有几名入室弟子跟从学习，继承着吴门医派的衣钵。昆山康复医院的洪刘和医师就是其中一位佼佼者。

【同期声】昆山康复医院　中医科主任　洪刘和

　　他一直跟我讲，中医不仅是技术，更是文化，学中医一定要有深厚的传统文化背景。他对中医、西医的认识很深刻。他一直告诫我们不要做在和尚中间念经的牧师。牧师就是牧师，不要夹在和尚里念经。意思是告诫我们不要中不中、西不西，不要挂羊头卖狗肉，要坚守中医真谛，做铁杆中医。

【解说词】

　　苏州市中医医院的血液科主任医师吴冰从医20多年，跟从华老抄方的两年是她收获最多的时候。她至今还珍藏着厚厚两摞华医生开的处方。而让她感念更多的则是从华老身上看到的淡泊名利的儒医品格。

【同期声】苏州市中医医院血液科主任　吴冰

　　华老对患者平等，用药也非常精炼。他开药从来没有大方子，没有特别昂贵的方子。除非是方子需要，才会用一些名贵的中药。还有，华老基本上都是经方为主，也有他自己的用药方式。所以，从这个意义上说，华老还是传统中医，遵循古道。

【解说词】

　　杏林春晖，余音绕梁。作为华老的再传弟子，洪刘和现在开始整理华老的验方，他还把华老的中医实践写成多篇论文发表。

【同期声】昆山康复医院　中医科主任　洪刘和

　　我准备把华老的方子整理成两本书出版。一本是《华润龄医论医案集》，还打算出一本《华润龄膏滋处方集》。此前我写过一篇有关华老的文章，参加了世界中药大会，当时全世界征文的时候，好多文章都没有入选，但是我的论文被收录了。这个也是我们吴门医派的骄傲。这都是华老几十年的行医经验，是实实在在的。

【解说词】

　　每到秋来，苏州吴门国医馆里，请华医生把脉调制膏滋的患者趋之若鹜；同样每年入夏，苏州中医医院的患者都会排起长队购买三伏贴；调理养生，冬病夏治，中医在吴地的繁盛可见一斑。但华老对中医目前的状况和发展前景有着些许隐忧……

【同期声】

华润龄：所以评价中医好不好，就要看临床稳定不稳定。如果以西医的观念来用中医的药，这并不是中医；看了化验单才开中药，这个也不是中医。可是这是当前中医的主流，现在临床都是这样做的。

【解说词】

让华润龄担忧的还不仅仅是临床上的医生，还有那些在高校里学医的学子。按照现有的招生方案，中医学院招收的都是理工科学生，他们往往读不懂医学古籍。

【同期声】

华润龄：现在中医大学毕业后的本科生或研究生有三年的规范培训，他们要到临床学习三年。如果跟随老中医好好地抄三年方，他们已经可以看病了。但是本科生、研究生出来后不会看病，还要回炉重学，这使人感到非常不理解。事实上，学生们在学校的五年里学了一些不中不西的知识。这与教材、师资、教学大纲的设置有关，和中医发展的方向都有很大的关系，一言难尽。

【解说词】

2015年10月，屠呦呦凭借中药青蒿发现了青蒿素，成为首个获得诺贝尔生理学和医学奖的中国人。据说，最先给她灵感和启发的是中国古代医书有关青蒿止疟的记载。

问医吴门，问道人间。华润龄先生妙手仁心，谦谦如玉，医德和医术一样令人敬佩。中医文化博大精深，华润龄传承的正是吴门医派的儒医风范，他和当代活跃着的吴门医派的众多医生一起，依然行走在中医传承创新的路上。

华润龄工作年表

1946年
出生于苏州。

1965年　19岁
9月　苏州市第三中学高中毕业。

1966年　20岁
自学中医，涉猎内经讲义、中医诊断学、简明中医内科学。

1969年　23岁
苏州市家具一厂卫生所医生

1972年　26岁
师从省名老中医奚凤霖先生系统学习中医。研读《黄帝内经》《伤寒论》《金匮要略》《汤头歌诀》《神农本草经》《中药学》等。

1975年　29岁
入读苏州市职业大学与苏州医学院联办的医学专业班，学习西医知识。自发组织《黄帝内经》自学小组。

1977年　31岁
医学专业班毕业。

1979年　33岁
参加国家招考选拔中医人员考试。
12月　考试录取，取得中医师职称，入全民所有制事业编制，奉调苏州市中医医院。

1979年　33岁

在苏州市中医医院内科病房工作。

1982年　36岁

师从省名老中医陈松龄先生,为其学术继承人。加入中华全国中医学会。担任苏州市中医学会秘书。

1983年　37岁

调入苏州市中医医院中医研究室。从事老中医学术经验研究。参加内科、血液科、风湿免疫科门诊。

1985年　39岁

多次承办来院进修医师、南京中医学院实习生及企业基层医务人员关于血液性疾病临床治疗的专题讲座。承办市科协中医学会内科血液病专题讲座。参加苏州市卫生局、苏州市中医学会联合承办组织的吴医古籍编写工作,为大型丛书《吴中医集》的编撰者之一。该丛书历时10年完成,共分4册,约500万字,1995年由江苏科技出版社出版。

1986年　40岁

10月　参加江苏省中医学会举办、南京中医学院承办的江苏省仲景学说讲习班。

1987年　41岁

承担南京中医学院函授大学苏州辅导站授课老师,担任《金匮要略》课程的教学辅导老师。点校吴医古籍《四时病机》(清邵登瀛著),由江苏科技出版社出版。参加江苏省中医学会仲景学术交流会。

1988年　42岁

11月　任江苏省中医学会第一届仲景学术专业委员会副主任委员。
点校吴医古籍《东垣先生伤寒正脉》(明朝王执中著)。

12月　发起成立苏州市中医学会仲景学术学组,任组长。并举办苏州市中医学会第一届仲景学术交流会。

1989年　43岁

担任苏州市老年大学中医保健课老师。

1990年　44岁

8月　晋升为主治中医师。

1991年　45岁

　　1月　苏州市哲学学会会员

　　6月　中国针灸学会会员

　　苏州市中医医院中医研究室重组成立苏州市中医药研究所,任办公室主任。

　　苏州市中医药研究所副所长

1992年　46岁

　　9月　编著《吴医荟萃》,由江苏科技出版社出版;著撰《血液病治验》,由江苏科技出版社出版。

　　11月　江苏省中医学会第二届仲景学术专业委员会连任副主任委员。

1993年　47岁

　　11月　参与的课题"健忆方对老年人学习和记忆作用的临床和实验研究"结题,获江苏省中医药管理局科技进步奖二等奖。

　　12月　参加编写《吴中十大名医》,由江苏科技出版社出版。

1994年　48岁

　　2月　参加编写老年大学教材《中医老年保健》,由甘肃人民出版社出版。

　　11月　受聘担任南京中医学院讲师。

　　12月　中国中医药学会会员

1995年　49岁

　　荣获苏州市卫生局三等功。

1996年　50岁

　　7月　参与的课题"益气活血液抗衰老作用的临床和实验研究"结题,获得苏州市人民政府科技进步四等奖。

1997年　51岁

　　9月　受聘南京中医药大学讲师。

1998年　52岁

　　1月　参与的课题"气象对人体健康的影响和防御对策"结题,获苏州市科协、苏州市经委、苏州市人事局、苏州市劳动局1997年度科技进步双杯奖、攻关杯奖。

　　6月　晋升副主任中医师。

　　整理编著《奚凤霖医论集》,由苏州大学出版社出版。

10月　获江苏省卫生厅、江苏省中医药管理局颁发的"江苏省中医药科技教育先进工作者"称号。

1999年　53岁

3月　编著《中风自然疗法》，由江苏科技出版社出版。

5月　获江苏省卫生厅颁发的医师资格证书。

6月　受聘南京中医药大学副教授。

9月　参与的课题"柔肝合剂治疗肝纤维临床和实验研究"结题，获得苏州市人民政府科技进步三等奖。

江苏省中医学会第三届仲景学术专业委员会连任副主任委员。

2000年　54岁

"吴门医派'十五'发展规划研究（2000—2002）"研究课题组成员

2001年　55岁

6月　受聘南京中医药大学副教授。

12月　担任苏州市中医学会副秘书长。

苏州市中医学会仲景学术专业委员会主任委员

2002年　56岁

1月　中华全国中医学会会员

7月　筹建苏州中医药博物馆。

"吴医传统特色与开发价值研究02—04年度"研究课题组成员

10月　苏州中医药博物馆副馆长

2003年　57岁

1月　苏州市中医医院调养科主任，高级中医专家

2月　获评苏州市人民政府颁发的"苏州市2002年度开放型经济工作先进个人"。

3月　获医师执业证书。

获得苏州市卫生局三等功表彰。

6月　受聘南京中医药大学副教授。

2004年　58岁

4月　苏州市图书馆馆员

撰写《吴门医派》，由苏州大学出版社出版。

6月　获评苏州市人事局颁发的"苏州市科学技术协会先进工作者"。

10月　参与编写老年大学教材《中医老年养生》，由苏州大学出版社出版。

2005年　59岁

4月　苏州中医博物馆副馆长

6月　苏州市中医医院调养科主任

2006年　60岁

9月　退休，保留苏州市中医医院内科门诊。

2007年　61岁

苏州市吴文化研究会理事

2009年　63岁

参与编写《苏州文化概论》一书中医部分，由江苏教育出版社出版。

2010年　64岁

苏州市非物质文化遗产保护办公室保护工作专家库专家

江苏省非物质文化遗产保护办公室保护工作专家库专家

11月　获苏州市卫生局、苏州市老干部局、苏州市文明办、苏州市教育局、苏州市老龄办、苏州市广电总台组织评选的"苏州市十大中医养生专家"称号。

2016年　70岁

1月　苏州市非物质文化遗产保护办公室保护工作专家库专家

名医风范：奚凤霖

奚凤霖（1917—1996）在苏州是一位名闻遐迩的老中医，他的高超医术挽救了很多垂危的生命，以至于现在我们仍可以时常听到关于他精湛医道的佳话。他的一生浸淫在中医的学术之中，他为苏州的中医事业做了大量的创造性工作。奚凤霖被病家所熟悉，被同道所赞誉，被领导所推重，是吴中一代名医。

奚凤霖师从苏州中医温病名家侯子然、经绶章。侯氏治病长于辛凉清热、导致攻下之法；经氏则擅长用轻清宣化、透卫泻热之药，这是苏州温病学派的典型风格。奚凤霖博采众长，尽得真传。1937年，奚凤霖出师后即悬壶苏州。他诊疗伤寒，屡治不爽，遇有疑难顽症，也能得心应手。开诊未几，求诊者接踵。他对贫病者慨然施诊舍药，驰誉一方。

1947年，国民党政府拟立案废除中医。奚凤霖与苏州中医同仁互助团结，为保存中医、争取生存做了很多工作，曾结成"同舟社"，得到了很多名医的支持。加盟者有李畴人、葛云彬、马友常、朱葆良、金昭文、钱伯煊、祝怀冰、钟平石、程之万、黄一峰、侯锡藩等。"同舟社"由沙星垣起名，意思是同舟共济、克服困难，争取中医的生存和发展。当时常以聚餐等方式进行联络，互相交流，探讨中医，历时3年多。

新中国成立以后，在党和政府的关怀下，中医事业犹如枯木逢春，重获新生。广大中医工作者认识到行医不仅是为谋个人的生存和发展，更应该为广大人民的健康服务，精神面貌发生了很大的变化。1952年5月，由奚凤霖、曹鸣皋、葛云彬等发起，联合黄一峰、王寿康诸同道创建了苏州市中医诊所。从此，奚凤霖从一个私人开业医生进入了集体医疗机构，开始了崭新的工作。

看着中医事业在中医政策的引导下蒸蒸日上，从濒临困境而逐步兴旺发达，中医界精神振奋、情绪高涨。1956年10月,在苏州市卫生局的领导下,奚凤霖参与筹建苏州市中医医院。同年11月29日开院后,奚凤霖负责内科医疗工作。中医事业的美好前景更加激起他为中医贡献力量的决心。

然而,不幸的是,奚凤霖由于疾病缠身,曾先后三次手术治疗。在1957年至1965年的漫长岁月里,病中的奚凤霖受到了党和政府的极大关怀,市领导经常到病榻前嘘寒问暖,关怀备至。奚凤霖常常对子女说:"我有这样严重的疾病,要不是在新社会,恐怕早已不在人世了。"他由衷地体会到没有新中国就没有自己的今天。他在病中阅读了大量医籍,进行深入的学术研究。自那时起,他养成了早上5时即起床读书、学习和研究的习惯,直至晚年。

大病初愈恢复工作之际,奚凤霖不顾病后体弱,主动争取下乡,被安排到吴县西山参加巡回医疗。在农村的日子里,无论是严寒酷暑,还是风吹雨打,他几乎每天都翻山越岭,深入乡村,访病问苦,主动热情地为农民服务。有一次隆冬严寒,风暴雨骤,要越过三里多宽的湖面到对岸去巡回医疗,依照惯例,湖面上六级以上大风即要封湖停航。面对风雨,他有点犹豫,但想到巡回医疗的目的,想到农民的期盼,便鼓起勇气,决意过湖,送医上门。后来他设法找到一条渔船,冒着风险渡过湖去。一路上风雨交加,衣履尽湿,但是他一进山村,就不顾劳累,一一为村民看病服务。通过下乡巡回医疗,密切了与人民群众的感情,提高了为人民群众服务的热情和自觉性,在回城后他还保持着同乡亲们的交往。

在"文革"的劫难中,奚凤霖身处逆境,受尽迫害凌辱,被指控为"三名三高"人物、"牛鬼蛇神",关进了牛棚。在那些日子里,奚凤霖还当过住院医生,打针、发药、开饭、送水、倒便壶、洗厕所、拖地板、擦门窗、抬死人,样样要干。面对中医事业遭如此洗劫,奚凤霖仍认认真真为病人治病。他在逆境中对知识的追求更加执着深切,丝毫没有懈怠,就涉猎能及,对历代各家学说加以潜心研究,特别是对三张(张仲景、张景岳、张锡纯)的学术特点温故知新,衷"中"参"西",先后写出了《中西医结合内科手册》《中医对肺心病的认识》《温病学总论》《湿热病的分型诊疗》等著作与论文。

"文革"后坚冰解冻,大地回春。党的政策逐步得到落实,奚凤霖看到了光明的前途和中医的春天。他的思想束缚和精神枷锁解除了,当时虽然已是花甲之年,仍决心以"老骥伏枥之志",在医疗、教学、科研等方面做出更大的成绩。

奚凤霖在医疗实践中遇到越来越多的疑难杂症,有些疾病中医、西医都还没有较好的办法去对付。但他知难而上，从中医一贯遵循的唯物辨证法出发，"古为今用"，参照现代医学科学管理，去探索、去研究。因此在治疗心血管病、呼吸病、肝硬化、尿毒症等方面取得了一定的疗效，写出了一系列临床经验总结，如《中医对冠心病的探讨》《温病的下法》《心绞痛的心胃同治》《活血化瘀法则概述》等论文发表在各种学术刊物上。还在全国、省、市的学术会议上宣读交流了《中医对冠心病的辨证论治》《心律失常与中医切脉的相似脉象探讨》《心力衰竭的理论探讨和诊治》《冠心病的舌诊》《肺心病的抗感染》等学术论文。

奚凤霖从20世纪50年代起就重视心血管病的中医治疗研究，推陈出新，加以发挥。他认为心血管病的病理多为阳微阴弦，心脉痹阻，中气不足，肾气式微，诱发因素可为寒凝、气滞、血瘀、痰浊等。根据冠心病常并发消化道症状的特点，他阐发了心胃同病的机理，从而深化了《心胃同治》中的观点。撰写了《论宗气》《冠心病中心胃同治的认识》《心胃同治十二法》《自订建中复脉汤主治心律失常》等颇具见解的论文。其中《冠心病中心胃同治的认识》一文曾获得1979年苏州市科技进步成果奖。

20世纪80年代以来的数十年是奚凤霖学术生涯中的精彩华章。在这一段时间里，他以苏州市中医学会理事长、中医研究所所长的身份开展了一系列振兴中医、弘扬中医的卓有成效的工作，表现出他既是一个学术造诣较高的中医专家，也是一个自觉的优秀的中医活动家。例如，1980年6月召开苏州市中医学术年会时，共收到论文269篇，他将其中的82篇汇编成年会论文选，并邀请南京的孟景春、北京的钱伯煊来苏考察并作学术报告。

1981年4月，他倡议筹办了苏州市中医业余进修学校，自任校长。针对当时中医队伍后继乏人、后继乏术的状况，培训和提高中青年中医药人员的水平。在开办的最初三年时间里，先后有200名中医药人员参加了学习进修。

1981年5月，中医学会与农工民主党苏州市委联合举办医学讲座，邀请江苏省中医研究所妇科专家孙宁铨主讲"活血化瘀法在妇科领域的异病同治"。

奚凤霖有感于中医后继乏人，慨叹老中医年事已高。从1981年5月开始，他不顾自己年高体弱，对苏州籍的60岁以上的老中医分别上门走访与联系。他长期热心中医工作，活动联系较广，和苏州的大部分老中医多有交往。他又有相当的学术地位和影响力，这一项开拓性的"抢老"工作非他莫属，由他出面做工作，容易取得合作与信任。对于支援外地的苏州籍老中医，如南京的叶橘泉、曹鸣皋以及大连的曹仲和等,他也进行面邀或函请。他要求他们将数十年积累起来的丰富的学术思想和宝贵的临床经验撰写成文字,并同步录音,翔实记述。对已故的老中医,如钟平石、陈明善、王满城等,则由其亲属或学生根据手泽遗稿整理成文,得以留存。1983年11月,由苏州市中医学会组织人员将这些资料汇编成《苏州市老中医学术经验论文集》一册。全书集内、外、儿、妇、针、伤、推各科内容,计62篇文章。所集论文学术思想丰富、内容精湛,是新中国成立以来一代中医的学术结晶,是苏州市中医界的一份财富。

1981年10月,由奚凤霖任班主任的苏州市中药业余进修班开班,学员为市内各级医院中药房职工和中药店人员,先后开办两期,学员有100余人。

1982年,为提高在职中青年医师的基础理论水平,继承老中医的学术经验,在他的倡导下,由中医研究所组织了仲景学术研讨班,市内各医院的30多位中医人员参加了学习。大家对张仲景《伤寒论》《金匮要略》两部经典医籍逐篇逐条研读,编印讲义,分组讨论,进行发言。学习班历时一年半,在省内产生了较大的反响。

1982年12月,中医学会与农工民主党苏州市委联合举行中医学术报告会,由南京中医学院陈亦人教授作"厥阴病篇析疑"的讲座,徐景藩教授作"关于胃病治疗"的讲座,参加人员有200多人。

1983年1月,他主持了重庆市中医研究所所长黄星垣教授"关于开展中医内科急诊治疗"的学术报告会。

1983年5月,他主持了江西中医学院副院长张海峰教授的"肝病的防治"学术报告会。苏州市区以及常熟、吴江、吴县、昆山、太仓、沙洲(今张家港市)的中医人员200多人参加了会议。

1983年9月,在他的发起和推动下,市中医学会联合农工民主党苏州市委举办了"心血管病中西结合治疗专题讲习班"。共举办了20讲,地点在政协鹤园会堂。邀请市内外中西医名家作了较高质量的学术报告,学员来自市区、郊县以及邻近省市,听讲者达到3000人次。主讲人有:苏州的钱大椿、熊重廉、蒋文平、吾栢铭、顾珉、蔡景高、汪达成、丁元珍、俞大祥、马云翔、奚凤霖,南京的傅宗翰、沙星垣、顾景琰,浙江的陆芷青,上海的陈苏生、朱锡祺等。

1984年10月,又继续举办了"消化道病中西结合专题讲习班"。地点设在五二六厂招待所,有苏州市(县)和徐州、扬州、无锡等地的中医人员58人报名参加。进行讲授的中医名家有：苏州的奚凤霖、陈松龄、尤怀玉、汪达成、任光荣，南京的徐景藩、谢昌仁，无锡的陶念堂、汪朋梅等。

在振兴中医、发展中医呼声日益高涨的形势下，奚凤霖于1983年的市人代会上联合20余位人大代表共同提案，为振兴中医事业大声疾呼，提案得到大会赞同。当年10月，苏州市政府召开了首次全市中医工作会议，制定了振兴中医的规划，这是一次中医界的盛会，大大地鼓舞了全市人民和中医工作者，促进和推动了苏州市中医事业的发展。

同时，他还向市内有关机关、社团、工矿企业等数十家单位宣传中医，争取资助，成立了苏州市发展中医科研基金会，为中医学术的深入发展、中医科研水平的提高奠定了基础。

1985年12月，为庆祝奚凤霖行医50周年，在中医医院会堂举办心血管病专题讲座，共有10讲。奚老衷"中"参"西"，酌古斟今，报告了自己对心血管病的研究成果，发表了许多独到的见解，介绍了临床用之有效的自订验方，为后学传道解惑，这一创举在苏州中医界影响深远。

在这一系列热烈有效的活动中，或由他发起，或由他参与，都发挥出他巨大的个人魅力。毋庸置疑，这一切极大地推动了苏州市中医界的学术发展，提高了苏州中医的学术地位。

1996年1月，奚凤霖新感、夙疾并发，病情十分严重，他预感到自己体力的衰竭，回天乏术。在原市政府章新胜市长的亲自过问下，动员他作为接受"保存国家财富"的任务进行治疗。病危期间，卫生局领导到院探望，他向领导表示自己工作未做好，对不起组织的关心，要求在场子女向领导下跪发誓，努力工作，继续把工作做好，报答党对自己的恩情。弥留之间，他还喏喏地背诵古方，闻者无不感动泪下。他的拳拳赤子之心完全融入了中医学的大海中，随波飘向远方。

华润龄撰文，收录于苏州大学出版社2004年出版的《吴门医派》一书

刻意求精志不渝
——记著名中医专家陈松龄先生

一位老人，走过了80个春秋，带着羸弱的身子，悄然地去了，而给人留下的又是如此之多的思念……

他，20世纪30年代毕业于苏州国医学校，从此青囊济世，以病人疾病的痛苦、生命的危难为干系，肠热胆坚，不问亲疏，接之诚，待之恭，处之情，动之容，尽心尽力，活人无算。

尤其20世纪50年代以来，血液病难题的出现触发了他的巨大热情。而后，30多个寒往暑来，接诊了数不尽的求治者。与医学院校同仁坦诚的合作促进了苏州治疗血液病水平的提高，继而名闻遐迩。

人们眼前浮动着他的身影：胸前飘拂着银须，给人一个慈眉善目的长者印象；水晶眼镜后面有着深邃的目光，使人觉得他是一个充满睿智的学者；他持一柄红木手杖，踏着沉着稳健的步态，使人感受到瘦弱身躯里的坚韧的精神。同事们的口碑——他是一个"不求名、不求利的老人"；病人们的赞誉——他是"有一副慈善心肠的老中医"；学生们深深的体会——他是一位"孜孜汲汲潜心研究学问的师长"。他性情淡泊，一生俭朴，学业勤奋，知识广博，对中医与西医融会贯通，刻意求精，矢志不渝。

他善于思考，勤于积累。早年，在病房工作期间，他利用巡视病人之后的时间，披阅典籍，摘录脉案，学而思，思而学，将点点滴滴的体会记录整理，几百例"点滴经验"的行文中依稀可见其学识的老到、学风的严谨以及不懈的努力。

《神农本草经》是中医执法处方的药物学经典。他将其中一味味药物应用于临床，圆机灵透，活泼泼地。尤擅于药物气机升降、功用归经的研究，以致有十几万字的《本草歌诀》著作传世。

《血液病治验》是一部临诊的实录，是实事求是的写照，又是他治疗血液病的真知灼见，给人留下了颇多的启迪。

他能将"麻黄炖豆腐"治小儿咳嗽、栀子吊筋治小儿发热惊厥、银杏肉浆液治哮喘、莲蓬壳坐浴治肛痔脱垂……如此简、便、验的方法，运用自如，没有夸张，朴实地发扬了中医传统的技艺。

他以学术上的不断追求，与生活上的无所要求，形成的鲜明对照表白了自己的一生。他不无遗憾地说，倘若天能假以时日，还要多看一些病、多写一些文字，以留赠后人。

他，就是著名中医专家陈松龄先生。

华润龄著文，原载于《苏州日报》1992年9月4日

《血液病治验》后跋

松龄先生，当代吴中名医也。行医五十余载。诵读《内》《难》，精研岐黄，效法仲景，以为习医之准绳。

新中国成立后，先生参加苏州市中医医院服务历三十余春秋。临床深思熟虑，施治每多发明，处方遣药务使精义肯綮，衷中兼通西学，互相取长，以为我用。远浮华，弃陋习，视病不分亲疏，问疾肠热胆坚，拯危救难，活人济世，此高风亮节也，有口皆碑。

50年代末，先生在主治宜兴史某急性粒细胞性白血病的过程中感触颇深，尔后为探索血液病的中医认识、病机转归以及辨证用药，苦心孤语，营营不休。其间，曾应邀与苏州医学院附院血液病研究室之同仁几度合作，中西互参，望色辨脉，切磋探讨，而得益匪浅矣。晚近通过对控制论之研习，深得黑箱理论之启发，以使理论与实践相印证，并有所阐发，乃光耀中医药宝贵遗产之壮举也。

世事更替，桑榆景迫，珠玑玉璧，不忍隐没。先生愿将积累所得一百数十个血液病案例试作临床分析，整理成此专集，仅肇其端，以示风范，饷以同道，不无裨益矣，亦吾侪之所幸甚哉。

甲子仲秋晚学华润龄识于医悟斋
本文收录于江苏科学技术出版社1992年《吴医荟萃》一书

华润龄膏滋方经验撷英

洪刘和 整理

【摘　要】 本文介绍苏州市名老中医华润龄先生运用膏滋方辨治经验，其临证拟方主张谨察病证，合理进补，平衡阴阳，方证结合，顾护脾胃，补通兼施，动静结合；处方用药立法严谨，用药精炼，疗效卓著；最后列举先生膏方医案赏析二则，展示吴医膏方的独特风格。

【关键词】 华润龄；膏滋方；经验；医案

膏滋方是中华文化的瑰宝，是中医药治未病的重要治疗方法之一，它讲究辨证论治、因人施补、一人一方，具有滋补、调理、治疗三大作用，深受广大患者青睐。吴门医派苏州市名老中医华润龄先生从医50余年，学验俱丰，擅长治疗中医内科、妇科疑难杂病，处方用药立法严谨，用药精炼，疗效卓著，较早开展中医调理养生的临床研究以及养生文化的推广普及工作，编著与参编代表著作有《奚凤霖医论集》《吴医荟萃》《吴门医派》等。笔者有幸随先生侍诊三年，获益匪浅，兹将先生膏方经验举隅如下，以窥其法度。

一、谨察病证　合理进补

先生指出，"膏"在《说文解字》曰"肥也"，《正韵》《博雅》将"膏"释为"润泽"，故膏滋方是滋补制剂，重在补益；与膏剂是两个不同的概念，不可混淆。膏剂是以治疗疾病为主的一种制剂，一年四季均可服用；而膏滋方只在冬至日起至来年立春期间服用，且具有严格的时令性和适应症，只适宜慢性病稳定期或病久体虚人群、康复人群（大病重病后、术后、产后体虚者）、亚健康人群、体质偏颇人群、特殊需求人群（如养生保健的中老年人群、养颜美容的女性、健脑益智的学生）等；而对于痰湿体质、慢性病急性发作期或活动期、急性感染性患者、体质强健的青年儿童等均不适宜膏滋方进补。所以，要细问病史，谨察病证，严格把握膏滋方进补的适应征，确定病人是否适合膏滋方进补，做到合理补益。华师反对使用不经辨证的"千人一方"或四时进补膏方，亦不主张把膏滋方产业化、商业化、大众化，认为这样违背了中医"冬令蛰藏"和"秋冬养阴"的自然规律。并强调膏滋方以滋补为主，兼顾旧疾，不可一味盲目蛮补，仅是补药堆积，不仅无益，反而变生他端，所以要谨察病证，合理进补。

二、平衡阴阳　方证结合

《素问·至真要大论》指出，"谨察阴阳所在而调之，以平为期"。先生指出，膏滋方的终极目标是平衡阴阳、补偏救弊，通过正确辨证施补使人体恢复气血阴阳的相对平衡，从而达到滋补强身、缓衰延年、防病祛病的目的。并强调阴阳辨证是八纲辨证的大法，针对错综复杂虚实互参的体质，必先辨明本患者的主要证型是阴证还是阳证，才能明确处方用药的大方向，再细辨兼夹证，先生主张辨证用方、辨病用药、一证一方、方证结合，不主张固定分型或一病一方。

三、重视脾胃　勿忘柔肝

脾与胃同居中焦，以膜相连，脾主运化，胃主受纳，脾以升为健，胃以降为和，先生拟膏滋方十分注重脾胃运化升降功能，认为只有振奋脾胃运化功能，才能使患者充分吸收膏滋方的精华以发挥最大疗效，所以当患者辨证属脾胃湿热者，当先清热化湿，畅通中焦，使湿去气畅，恢复脾之运化功能；脾虚腹泻者当先健脾止泻；针对脾胃虚弱当先益气健脾，同时指出，肝主疏泄，肝脾同居中焦，脾胃运化有赖于肝的疏泄功能，故先生常在脾胃气虚者膏方中加入炒白芍、酸枣仁酸甘化阴之品养血柔肝，以杜肝木乘脾之患，并认为重用酸枣仁兼有醒脾开胃之功。先生重视开路方的使用，尤其针对初诊患者，运用开路方一方面可以健脾助运、畅通中焦，另一方面可以作为攘外安内的治疗，以调整膏滋方的最优辨证思路。

四、补通兼施　动静结合

先生指出，膏滋方是以滋补为主的制剂，但不能一味蛮补，需补中有通、寓通于补，如脾虚痞满患者宜在补气健脾同时加用青皮、香附等理气行滞之品以增强疗效；血虚患者常在当归、炒白芍等养血基础上加入川芎、赤芍等活血之品提高滋补效果；对阴虚患者先生常加入砂仁、白残花等芳香醒脾开胃之品；对阳虚畏寒患者先生常在温阳和营的同时加怀牛膝、车前子二药通阳利水，效法叶天士"通阳不在温，在于利小便"之意。先生也常在滋补类方药中加入绿萼梅、香橼皮等行气导滞之品以防诸药滋腻碍胃和促进膏滋方的消化吸收，体现先生"补通兼施、寓通于补、动静结合、寓治于补"的思路。

五、医案赏析

医案1　患者张某某　男　75岁　2013年11月9日拟方

年逾古稀，常感疲乏，易受外邪侵袭，口干咽梗不痛，胃脘时作胀满，素有高血压病史，但并无眩晕头胀与肢麻，小腿部酸痛已久，大便日解，舌红苔少，脉细右关尺小，左弦。证属营阴亏虚，肝阳易亢。脾胃气虚所虑肝木横脾之虞，治拟健脾和胃、滋阴柔肝、和营潜阳之法，冀肝木条达，脾旺而四季不受邪。

潞党参200g 北沙参150g 炒白术100g 云茯苓150g 炙甘草100g 淮山药150g 肥玉竹100g 炒白芍150g 宣木瓜100g 炒酸枣仁300g 女贞子150g 墨旱莲300g 甘杞子150g 甘菊花100g 大熟地250g 山萸肉150g 粉丹皮150g 福泽泻100g 生牡蛎300g（先煎）生龙骨300g（先煎）干菖蒲100g 炒远志100g 蒲公英300g 浙象贝150g 炙地龙100g 乌梢蛇150g 淡竹叶100g 白残花100g 绿梅花100g 龟板胶250g（另烊）清阿胶250g（另烊）

上药依法制膏，每日晨起早晚各用沸水冲饮一匙，如遇形寒发热、鼻塞咳嗽等感冒症状，或食积腹胀、腹痛腹泻等消化不良症状，停服或缓服膏滋方。

按：张仲景在《金匮要略·脏腑经络先后病脉证第一》指出，"四季脾旺不受邪"；肺主气，土生金，今患者脾胃气虚，肺气不足，卫外失固，故常感疲乏，易受外邪侵袭，胃脘时作胀满；营阴亏损，津不上承，故口干咽梗；水不涵木，筋脉失养，病久入络，故小腿部酸痛，先生用潞党参、北沙参、炒白术、云茯苓、炙甘草、淮山药、肥玉竹健脾和胃，益气养阴，炒白芍、宣木瓜、炒酸枣仁、清阿胶养血柔肝，舒筋荣络；炙地龙、乌梢蛇搜风通络。另外，叶天士在《临证指南医案·眩晕》中指出，"头为诸阳之首，耳目口鼻皆系清窍，所患眩晕者，非外来之邪，乃肝胆之风阳上冒耳，甚则有昏厥跌仆之虞。"肝为风木之脏，体阴而用阳，其性刚劲，主动主升，今患者年逾古稀，营阴亏虚，肝阳易亢，虽无眩晕肢麻之苦，亦需防昏厥跌仆之虞，故先生用杞菊地黄汤合二至丸加生牡蛎、生龙骨、龟板胶滋水涵木，润液熄风，平肝潜阳，防止风阳上扰之变；干菖蒲、炒远志交通心肾；蒲公英、浙象贝制酸护胃，淡竹叶、白残花、绿梅花淡渗利湿、化湿醒脾、条达气机，使补中有通，寓通于补，以动制静，防滋补类药滋腻碍胃；诸药合用，使脾运健旺，气血得生，营卫和谐，邪不可干；又加木瓜、酸枣仁合炒白芍取"补肝汤"之意养血柔肝，既防肝木乘脾，荣筋舒络；营阴亏虚，肾水不足，当虑肝阳上亢，故加介类潜阳之品以防患于未然，则正气存内，阴阳平衡，气血和畅，未病先防，既病防变，自可延年。翌年随访诸症大减，体质增强，精力充沛。

医案2 患者李某某 男 55岁 2013年11月4日拟方

胃脘时作胀满，大便次多成形，少腹舒和，常感疲乏，畏寒怕冷，腰际酸痛，夜寐不安，舌淡苔薄露底，脉濡细。创业已久，市场风险，每多运筹帷幄；资本经营，惊风骤雨，常在焦虑之中；生活无序，三餐无律，气血亦多亏损，脾胃首先失调，纳运有急，治拟健脾益肾，温阳和营，疏肝和胃，以冀阴平阳秘，精神乃治为幸。

炙黄芪150g 川桂枝100g 炒白芍150g 炒党参150g 炒白术150g 淡干姜30g 淮山药150g 楂炭300g 六神曲150g 软柴胡100g 炒当归150g 炒枳壳100g 炒防风100g 蒲公英300g 浙象贝150g 台乌药100g 紫苏叶100g 小川连30g 上肉桂15g（后下）补骨脂100g 菟丝子150g 甘杞子150g 淫羊藿150g 厚杜仲300g 干菖蒲100g 炒远志100g 生牡蛎300g（先煎）生龙骨300g（先煎）柏子仁100g 淡竹叶150g 车前子150g（包煎）怀牛膝150g 龟板胶150g（另烊）鹿角胶150g（另烊）清阿胶250g（另烊）

按：先生认为本患者因创业风险致情志忧郁，劳伤心脾，肝脾失调，故胃脘胀满，大便次多；脾虚则气血生化乏源，肌肉失养，故常感疲乏；腰为肾之府，今肾阳不足，筋骨失煦，故腰际酸痛，畏寒怕冷；心肾不交故夜寐不安，所以本病的病因病机为肝胃不和，脾肾两虚；故用四逆散、理中汤、黄芪桂枝五物汤、痛泻要方、龟鹿二仙汤、孔圣枕中丹化裁。方中炙黄芪、炒党参、炒白术、淮山药、楂炭、六神曲健脾止泻，淡干姜温中散寒，炒当归、炒白芍、清阿胶养血柔肝，川桂枝、炒白芍合炙黄芪益气养血，通阳和营；软柴胡、炒枳壳、台乌药疏肝行气，蒲公英、浙象贝制酸护胃，紫苏叶、小川连辛开苦降，疏肝和胃，小川连、上肉桂、炒远志、干菖蒲交泰心肾，宁心安神；炒防风散肝舒脾，补骨脂、菟丝子、甘杞子、淫羊藿、厚杜仲滋补肝肾；生牡蛎、生龙骨平肝潜阳，重镇安神；淡竹叶、柏子仁二药除烦宁心，安神定志，为先生治疗不寐的经验对药；龟板胶、鹿角胶填精补髓，温阳壮督；车前子、怀牛膝利水通阳，诸药合用使气血恢复，脾胃健运，肾阳充足，补中有通，阴阳互助，水火交济，则正盛邪去，阴平阳秘，标本兼治矣。随访两年，诉服用膏方后体质增强，精力充沛，诸恙若失，疗效甚佳。

结语：吴门医派，历史悠久，名家八百，著述万千，吴医膏方更是厚重的吴文化中的一枝奇葩，也是防治未病、调理体虚患者的最佳选择，千百年来其显著的疗效倍受广大患者认可。华师指出，"人体病理的偏颇，不以人的意志为转移，疾病的发生，衰老的终局，亦在生理与病理过程的综合结果中，然而人们可以摄生养性，既维护生理的平衡，又可以调适祛疾，以求阴平阳秘，是为精神乃治，故时下广为接受的膏方不失为良策"①。充分肯定了膏滋方在治未病和养生保健领域的价值。并强调，膏滋方临证拟方要以阴阳气血为纲，以五脏六腑虚实为目，兼顾整体和原有旧疾，以辨证为依据，理法为准则，随证变化，合理处方，以平为期，体现既能补虚又能疗疾的功能，从而达到扶正祛邪、滋补强身、缓衰延年、防病治病和养生保健的目的，使机体恢复"阴平阳秘，精神乃治"的最佳状态。

---

① 奚凤霖. 奚凤霖医论集. 苏州：苏州大学出版社，1997：282.

参考文献

[1] 薛公忱. 儒道佛与中医药学[M]. 北京: 中国书店出版社, 2006.

[2] 苏州市中医医院. 吴门医派研究文集[M]. 苏州: 苏州中医药博物馆, 2003.

[3] 华润龄. 吴门医派[M]. 苏州: 苏州大学出版社, 2004.

[4] 潘文龙. 医药苏州[M]. 沈阳: 辽宁人民出版社, 2005.

[5] 奚凤霖. 奚凤霖医论医案集[M]. 北京: 中国中医药出版社, 2013.

[6] 王礼贤. 杏林夜话[M]. 上海: 上海画报出版社, 2004.

[7] 唐云. 走进中医[M]. 桂林: 广西师范大学出版社, 2004.

[8] 秦文斌, 俞志高, 金庆江. 吴中十大名医[M]. 南京: 江苏科学技术出版社, 1993.

[9] 邢桂琴. 中药汤剂煎服必读[M]. 北京: 中医古籍出版社, 1996.

后记：医缘　人缘　书缘

15年前，一个偶然的机会，毫不通医的我居然写了一本《医药苏州》。有一天，一个陌生女孩从重庆千里迢迢到苏州找我，手里就捧着那本书。她是在九龙坡图书馆读到那本书的，然后就被博大精深的苏州中医所吸引，一定要来见识和感受一下。

那一刻，我被这个读者感动了。胡适说过："你种谷子，便有人充饥；你种树，便有人砍柴，便有人乘凉；你拆烂污，更有人遭瘟；你放野火，便有人烧死。"事实确实如此，自己一个细小的举动居然也为传播中医文化做了一丝贡献。这一切其实都是由于和中医的不解之缘。

因书结缘。因为写书的缘故，我结识了华润龄先生。和华老相交十几载，真的是君子之交淡如水，无外乎喝茶、喝酒、聊天、谈书、谈医、谈艺。华老坚守传统文化，和苏州的画家、作家、古琴演奏家都多有交往。这一次，借书稿访谈的机会，和华老深入地聊了几十个小时，对他的医悟人生和从医之路更加明了，对他孜孜矻矻坚守传统中医之路深为感佩。更让我惊讶的是，华老谦逊低调，从不自我宣扬，这次是通过他的弟子和同事描述，才更加凸显了其高尚的人格和精妙的医术，让他们深深地折服。古人说："上医医国，中医医人，下医医病。"可以这样讲，从医生涯半个多世纪，淡泊名利的华润龄先生是今世的姑苏儒医，当之无愧。

因医结缘。感谢田晓明先生的热诚支持，由于他的关心，才有了这套东吴名医系列。感谢苏州大学马中红教授的诚挚相邀，让我这个离开校园多年的人又一次回到钟声回荡的东吴大学故址，忝列东吴名家项目组，不自揣陋地参与了中医部分的访谈写作。感谢陈霖、杜志红先生在合作中给我的无私帮助。更让我难忘的是，倪丽、任心仪两位同学自始至终地协助我进行访谈，并完成了纪录片的拍摄和制作。我们一起冒着酷暑到山塘街寻访叶天士故居，到七子山踏寻徐灵胎隐居处；闫丛笑同学帮助我听打了数万字书稿，三个女生不惧苦累，状如汉子，令人感念，给2017年的这个夏日留下了一份美好的回忆。

因人结缘。我们对华润龄先生的访谈一共进行了5次，从7月2日起到8月14日的4次都是在华老白塔东路的寓所里进行的。8月25日的一次是在苏州现代传媒广场补充采访的。其间，还到苏州市中医医院、昆山市中医医院以及吴门中医馆对其同事和弟子以及患者进行访问。值得记取的是，在华老家里，每到访谈结束，华老都嘱托夫人端上一碗冰甜的绿豆百合汤，给我们降火驱暑。在老中医家里喝如此养生的饮品，还真不是一般的待遇呢。它也从一个侧面反映了华老常说的，苏州人的生活其实和中医本来就密不可分。

自夏徂秋，2017年岁末，本书正式结稿。那一天黄昏，我们项目组全体在娄门古城墙上茶聚，几个90后的美女都想请华老诊脉。通过这个项目，她们也慢慢了解了中医，并且感受到了传统文化的魅力。那一晚，华老也开心地像个孩子，和年轻人一起玩手机自拍发抖音。那一晚，黄叶满地，夜色阑珊。

华老说，他最喜欢元代苏州医家葛应泽的一句话："去疾之功莫先乎药，济世之道莫大于医。"他在做中医博物馆负责人时把这句话刻在了入馆的门口，来提醒自己，也激励同道。

因之医缘、人缘和书缘，15年后，再成此册访谈录。愿本书能通过华润龄先生的口述，记录吴门中医发展中的一些宝贵经验，更能为传统中医在当世更好发展尽一点绵薄之力。本书的嘉宾言论均代表其个人立场，对记录整理中的一些错讹，恳请诸位方家不吝指正。

潘文龙

庚子新春于苏州开我襟室

主编　田晓明

田晓明，生于如皋，旅居苏州，心理学教授，先后供职苏州大学、苏州科技大学，现任苏州科技大学党委副书记、副校长。

副主编　马中红

马中红，江苏苏州人，苏州大学传播学教授，从事媒介文化、品牌传播研究。

副主编　陈　霖

陈霖，安徽宣城人，苏州大学新闻学教授，从事媒介文化与文学批评研究。

图书在版编目(CIP)数据

华润龄访谈录/潘文龙著.—苏州：苏州大学出版社,2020.1
(东吴名家/田晓明主编.名医系列)
ISBN 978-7-5672-2620-3

Ⅰ.①华… Ⅱ.①潘… Ⅲ.①华润龄-访问记 Ⅳ.①K826.2

中国版本图书馆 CIP 数据核字(2018)第 215128 号

| 书　　　名：华润龄访谈录
| 著　　　者：潘文龙
| 责任编辑：汤定军
| 出版发行：苏州大学出版社(Soochow University Press)
| 社　　　址：苏州市十梓街1号　邮编：215006
| 印　　　刷：苏州市深广印刷有限公司
| 网　　　址：www.sudapress.com
| 邮购热线：0512-67480030
| 销售热线：0512-67481020
| 开　　　本：787 mm×1 092 mm　1/16
| 印　　　张：14.5
| 字　　　数：260 千
| 版　　　次：2020 年 1 月第 1 版
| 印　　　次：2020 年 1 月第 1 次印刷
| 书　　　号：ISBN 978-7-5672-2620-3
| 定　　　价：85.00 元

若有印装错误,本社负责调换。服务热线：0512-67481020